Leckeres Essen Malbuch

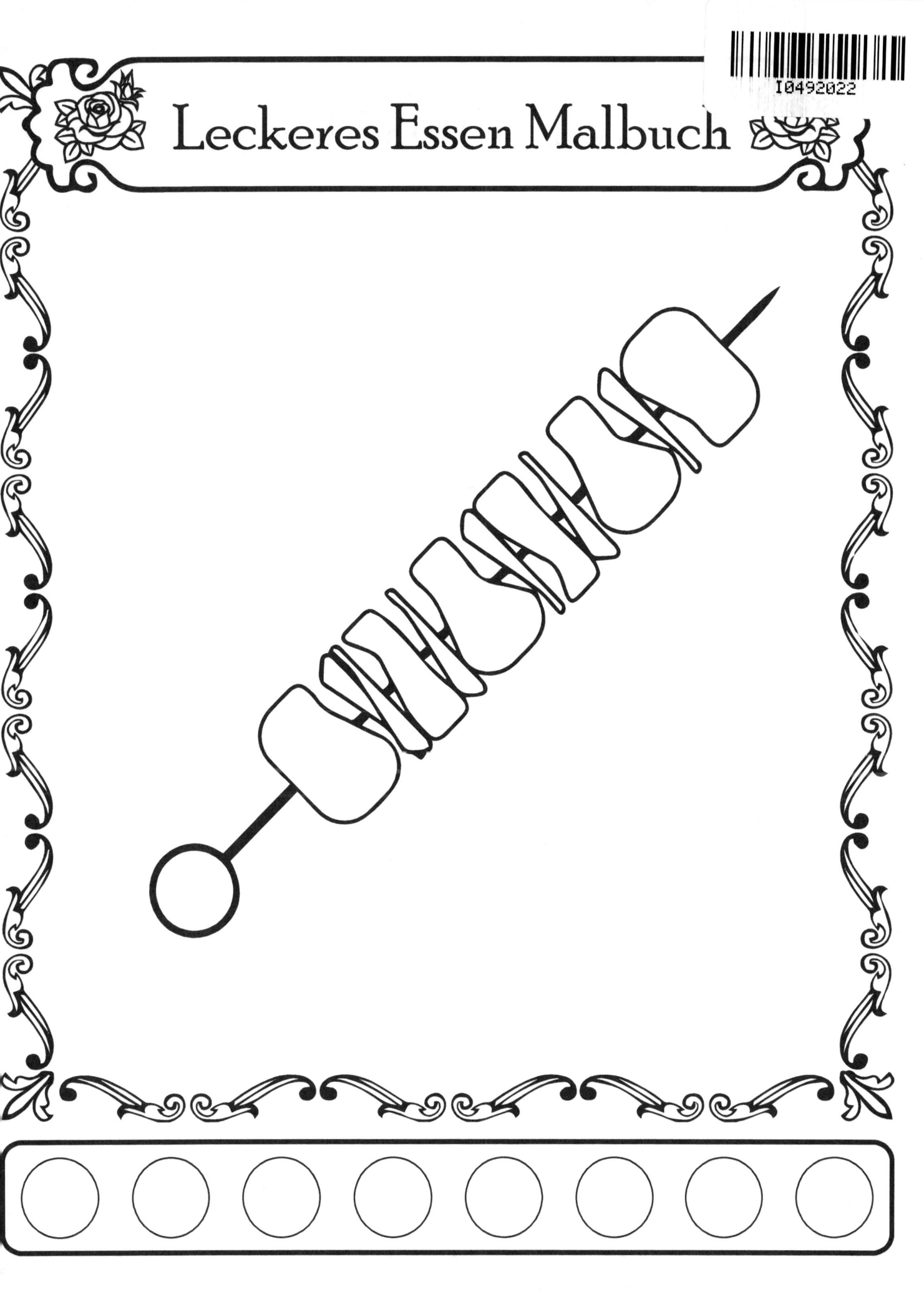

Leckeres Essen Malbuch

Leckeres Essen Malbuch

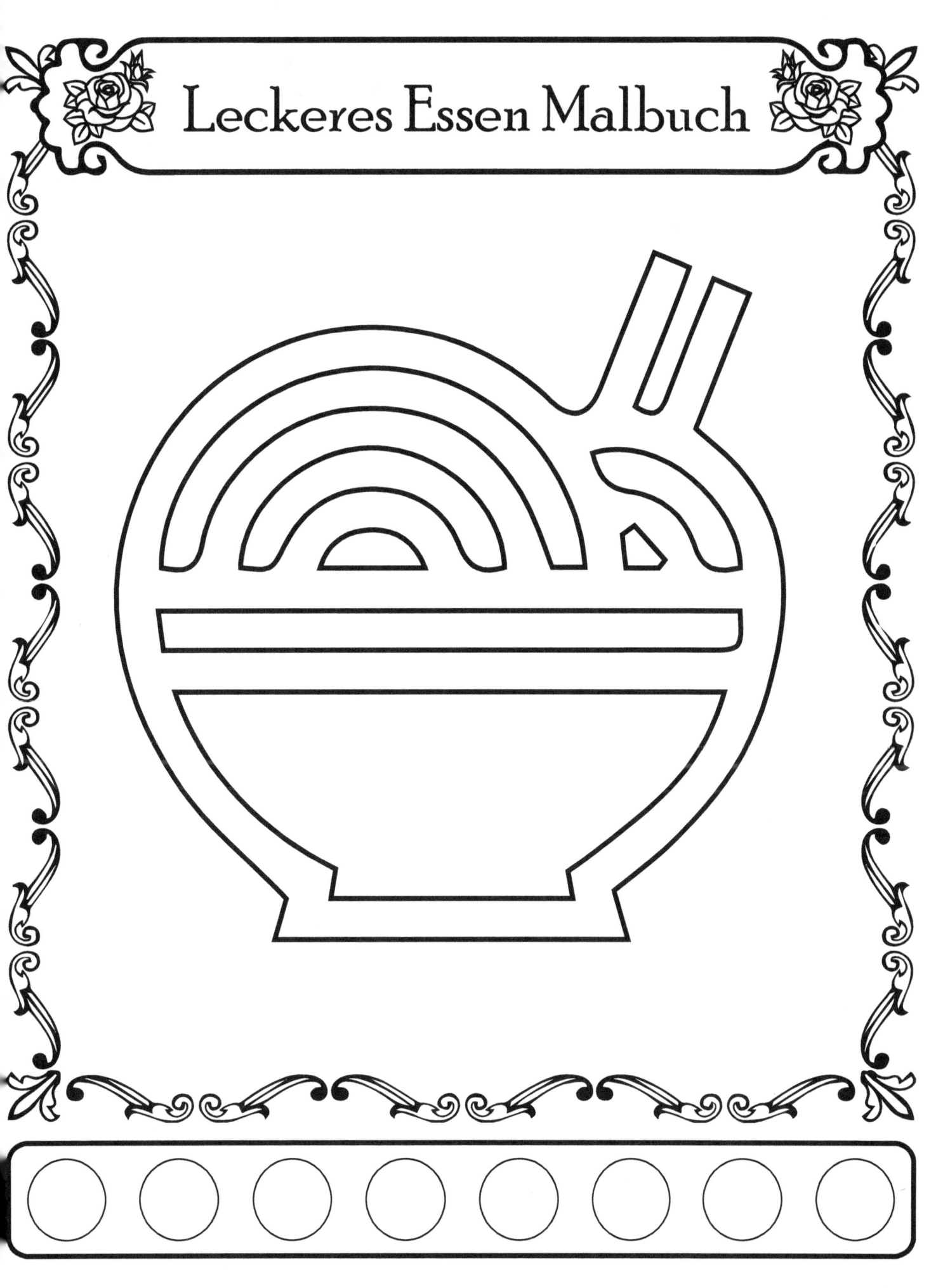

Leckeres Essen Malbuch

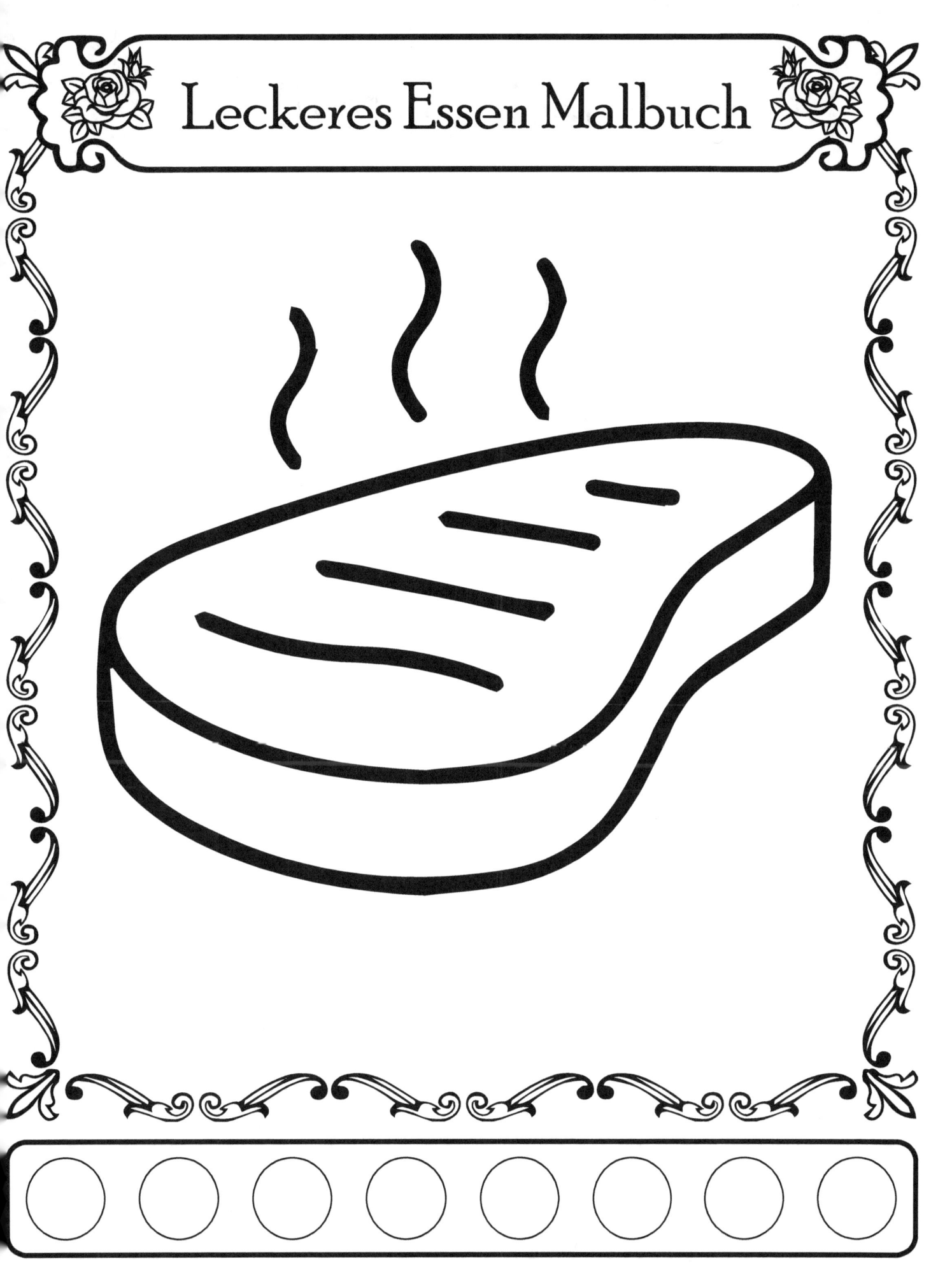

Leckeres Essen Malbuch

Leckeres Essen Malbuch

Leckeres Essen Malbuch

Leckeres Essen Malbuch

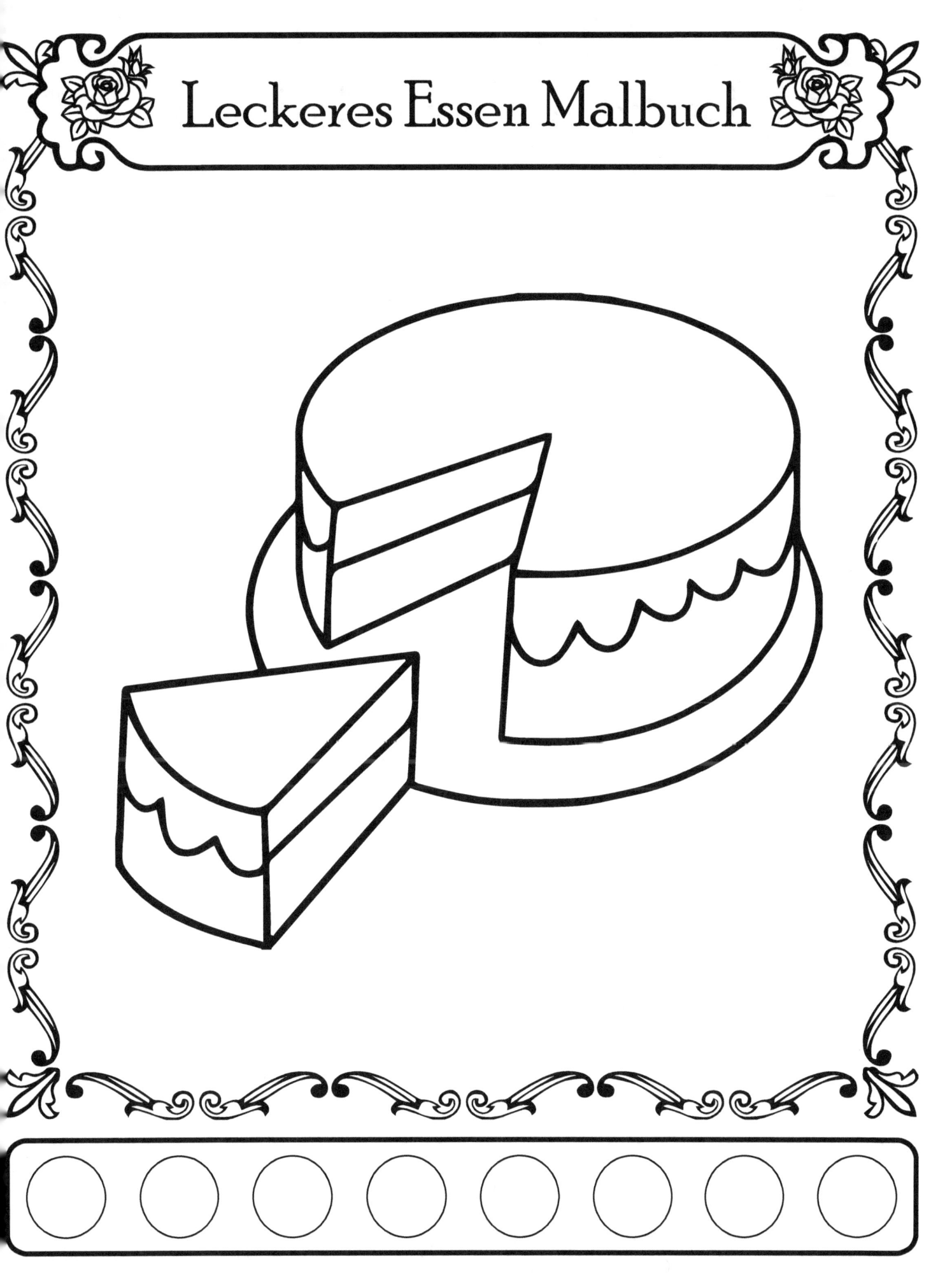

Leckeres Essen Malbuch

Leckeres Essen Malbuch

Leckeres Essen Malbuch

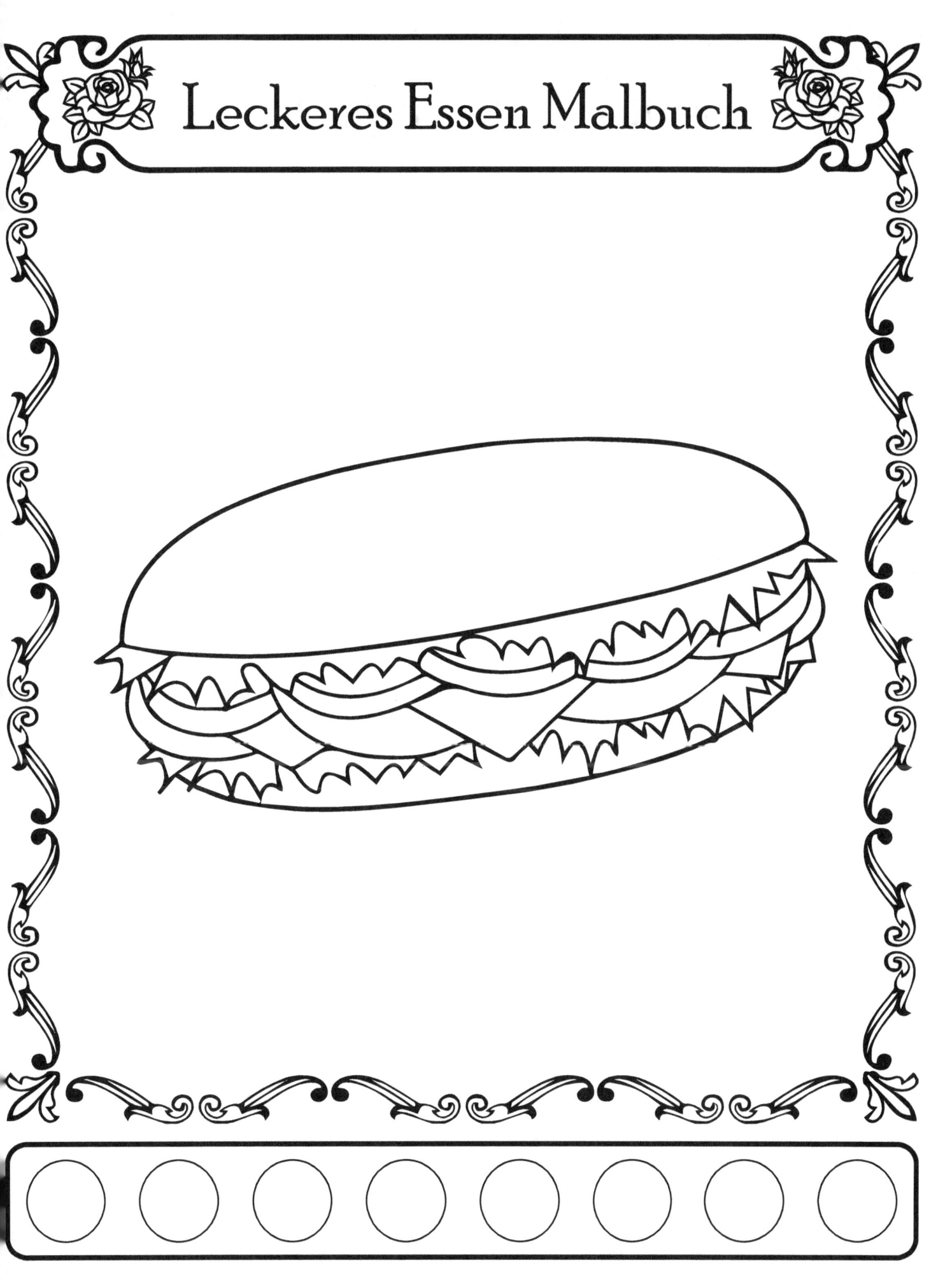

Leckeres Essen Malbuch

Leckeres Essen Malbuch

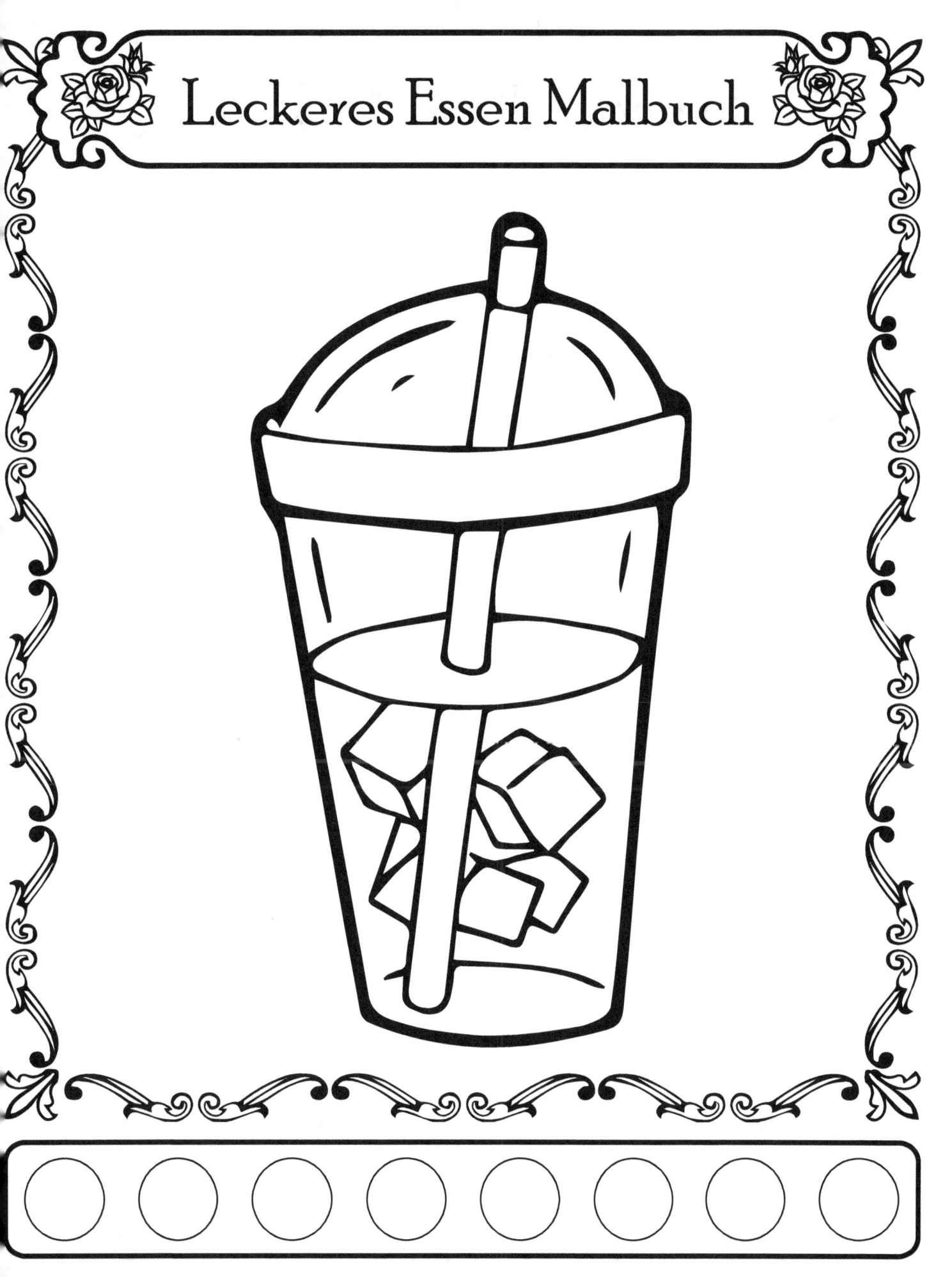

Leckeres Essen Malbuch

Leckeres Essen Malbuch

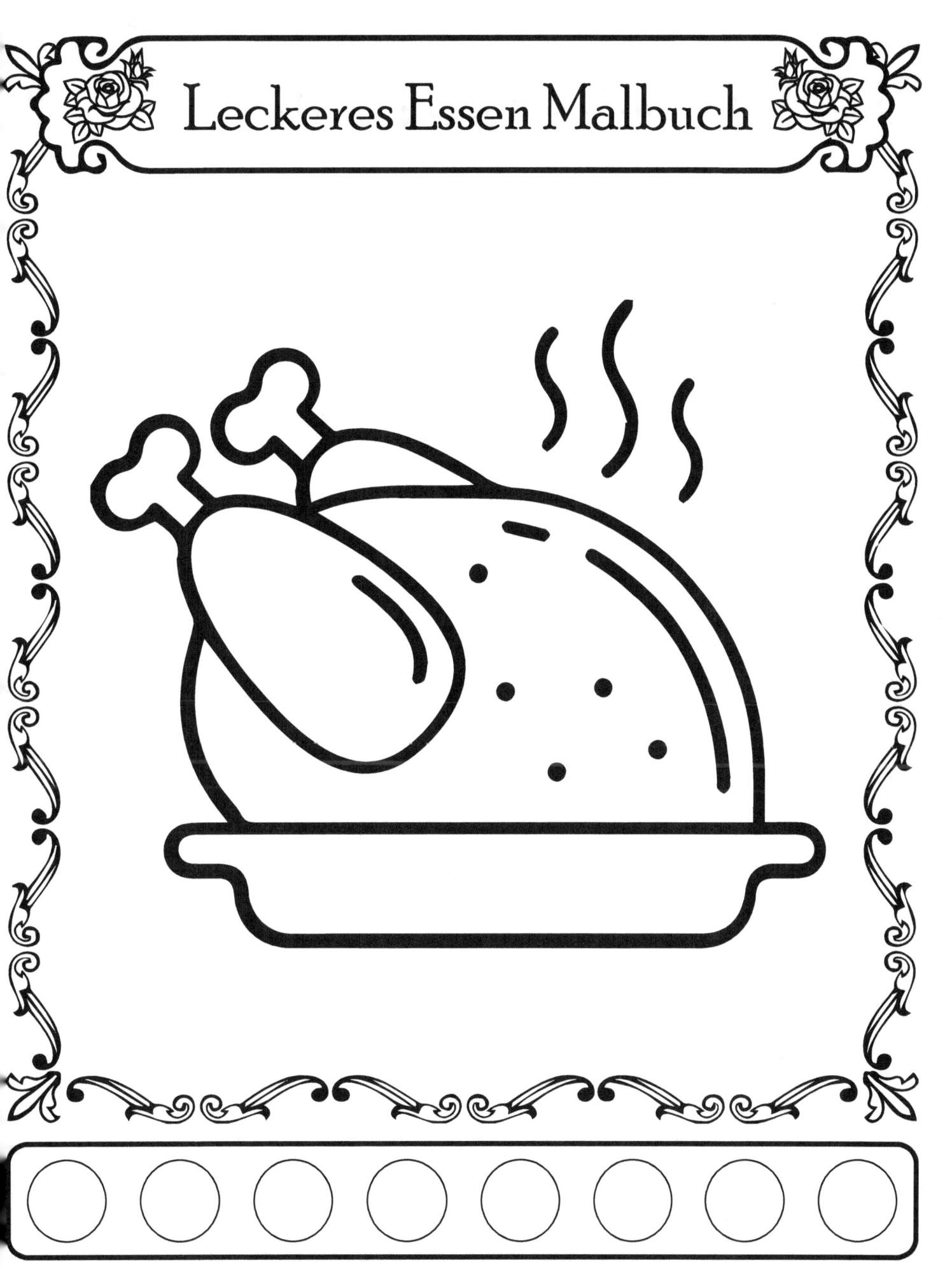

Leckeres Essen Malbuch

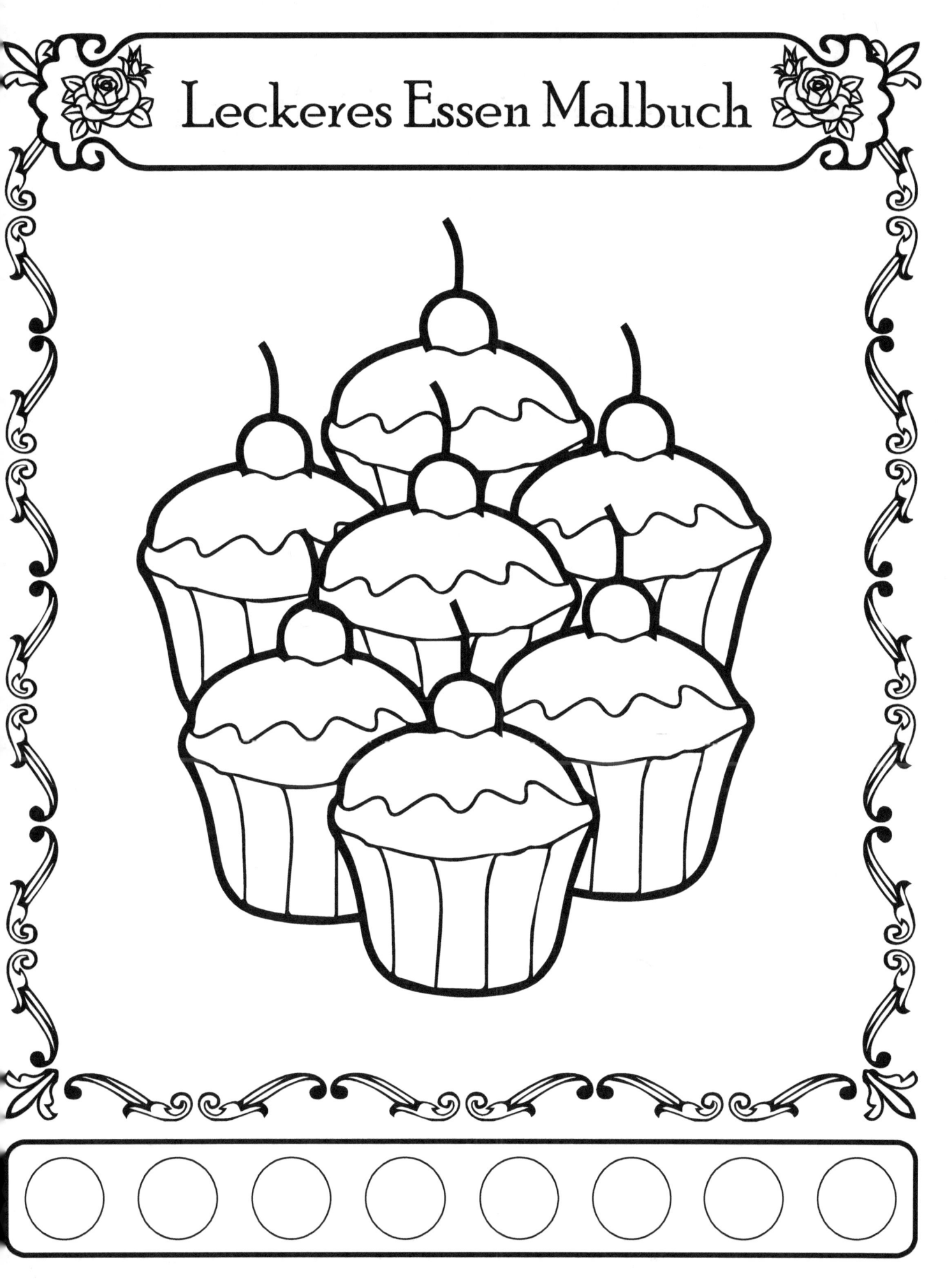

Leckeres Essen Malbuch

Leckeres Essen Malbuch

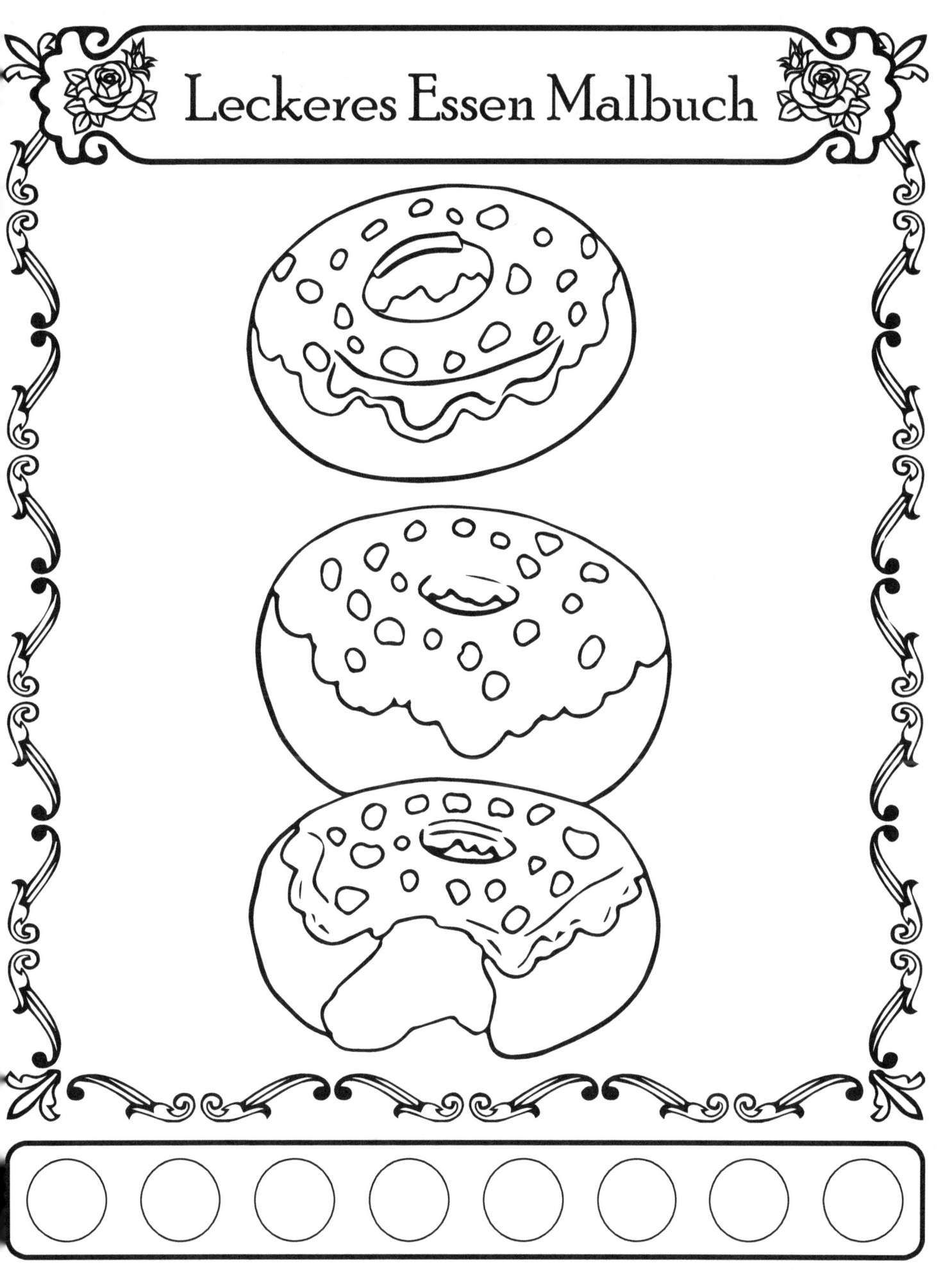

Leckeres Essen Malbuch

Leckeres Essen Malbuch

Leckeres Essen Malbuch

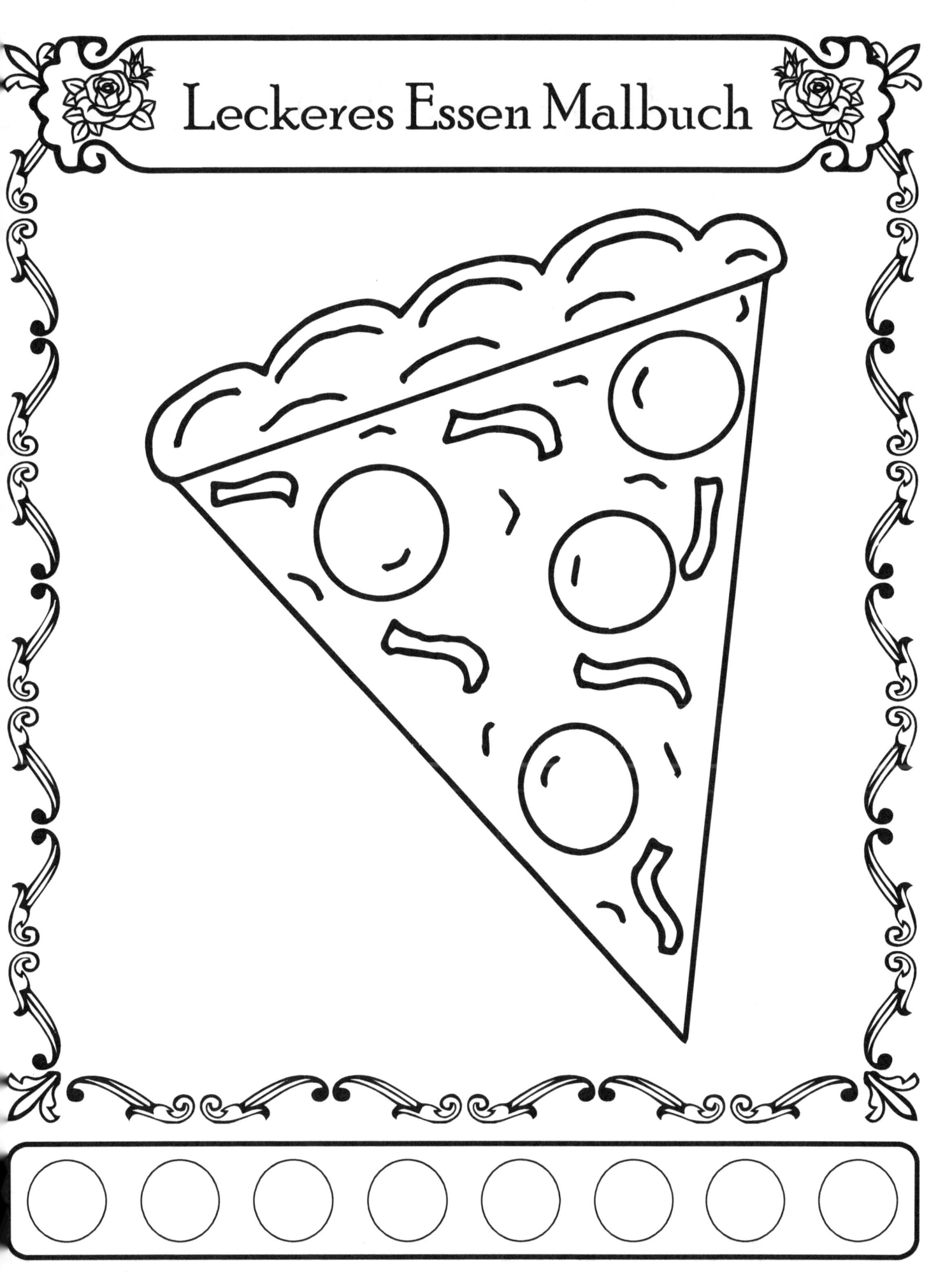

Leckeres Essen Malbuch

Leckeres Essen Malbuch

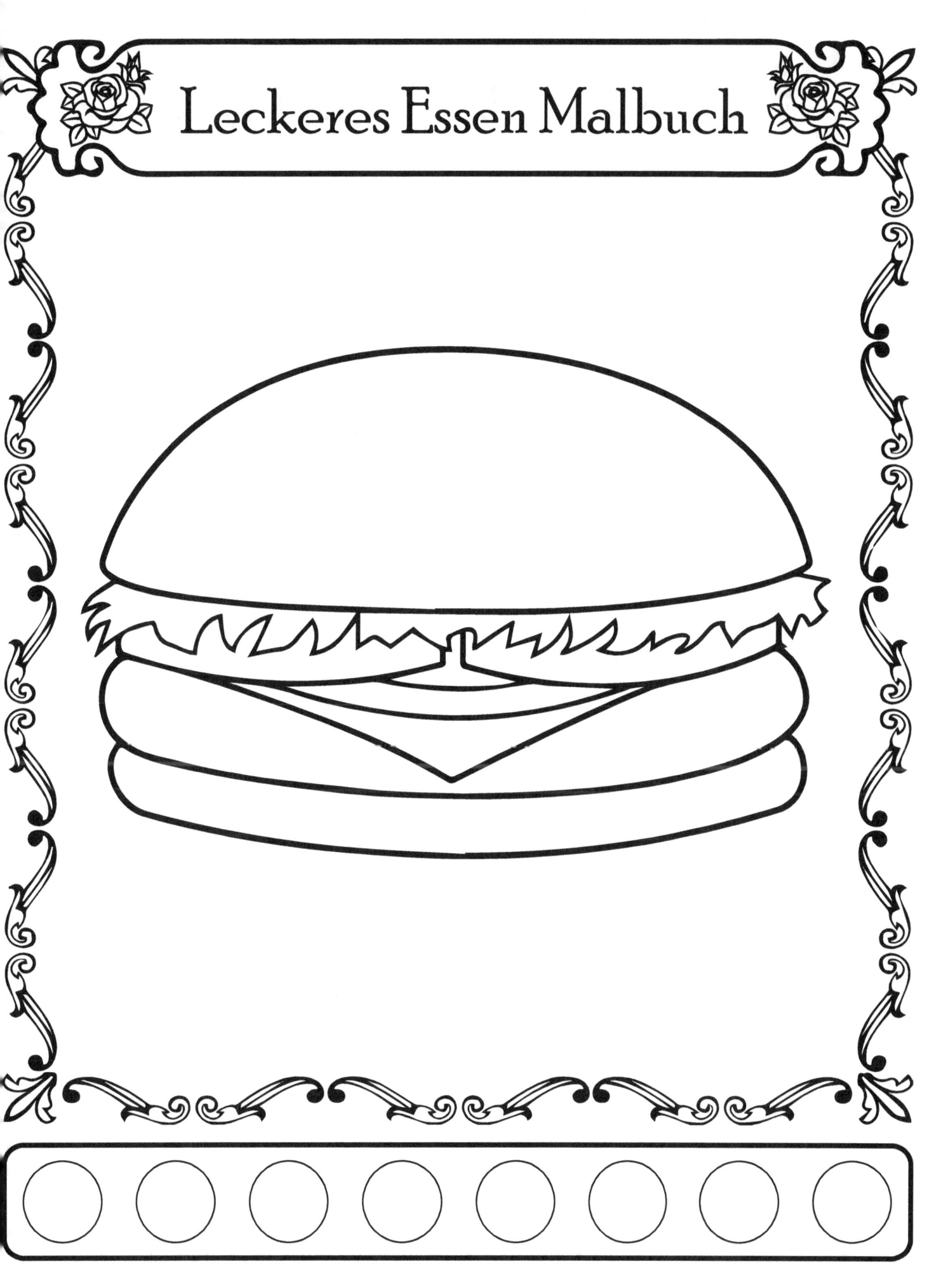

Leckeres Essen Malbuch

Leckeres Essen Malbuch

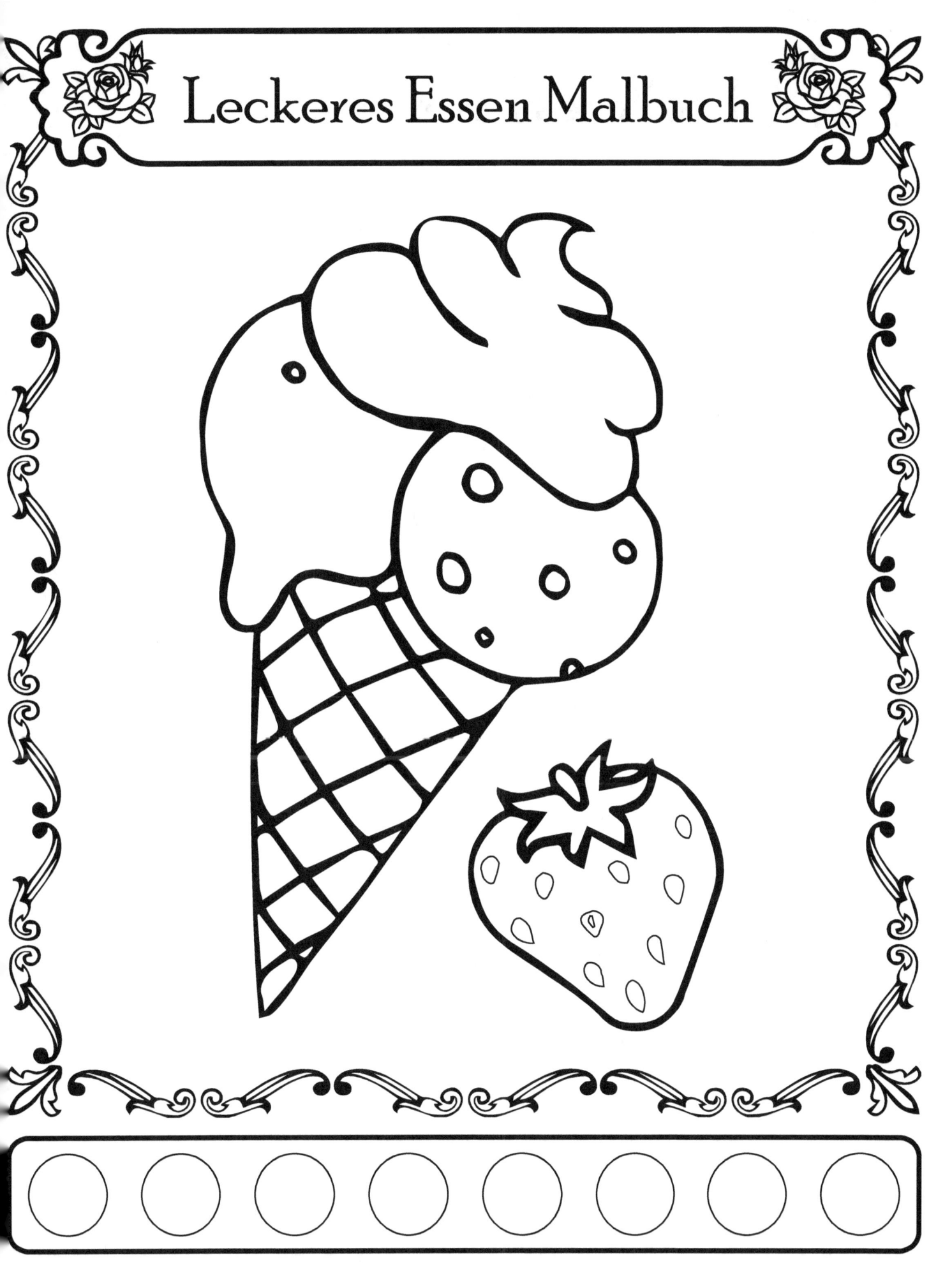

Leckeres Essen Malbuch

Leckeres Essen Malbuch

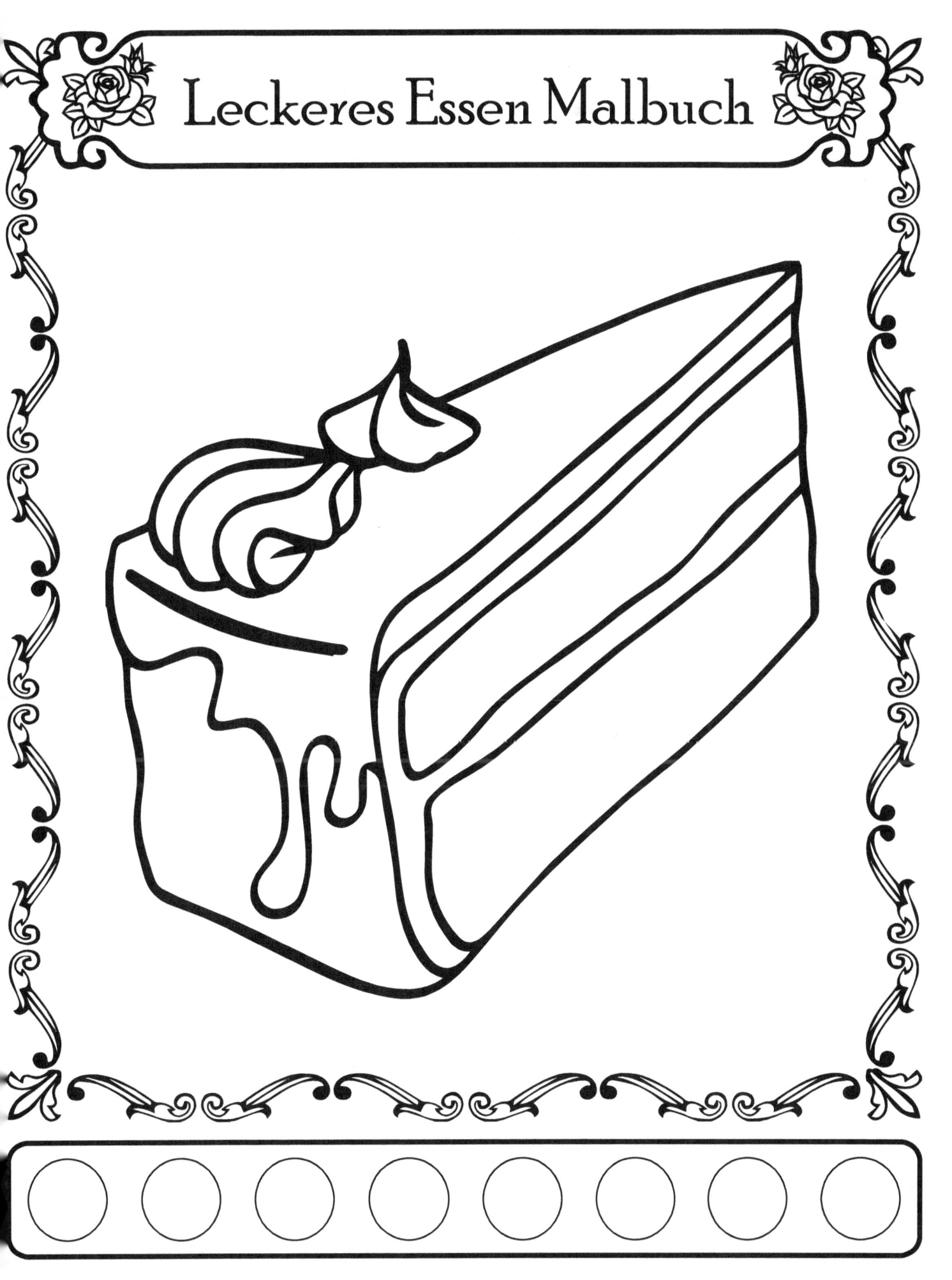

Leckeres Essen Malbuch

Leckeres Essen Malbuch

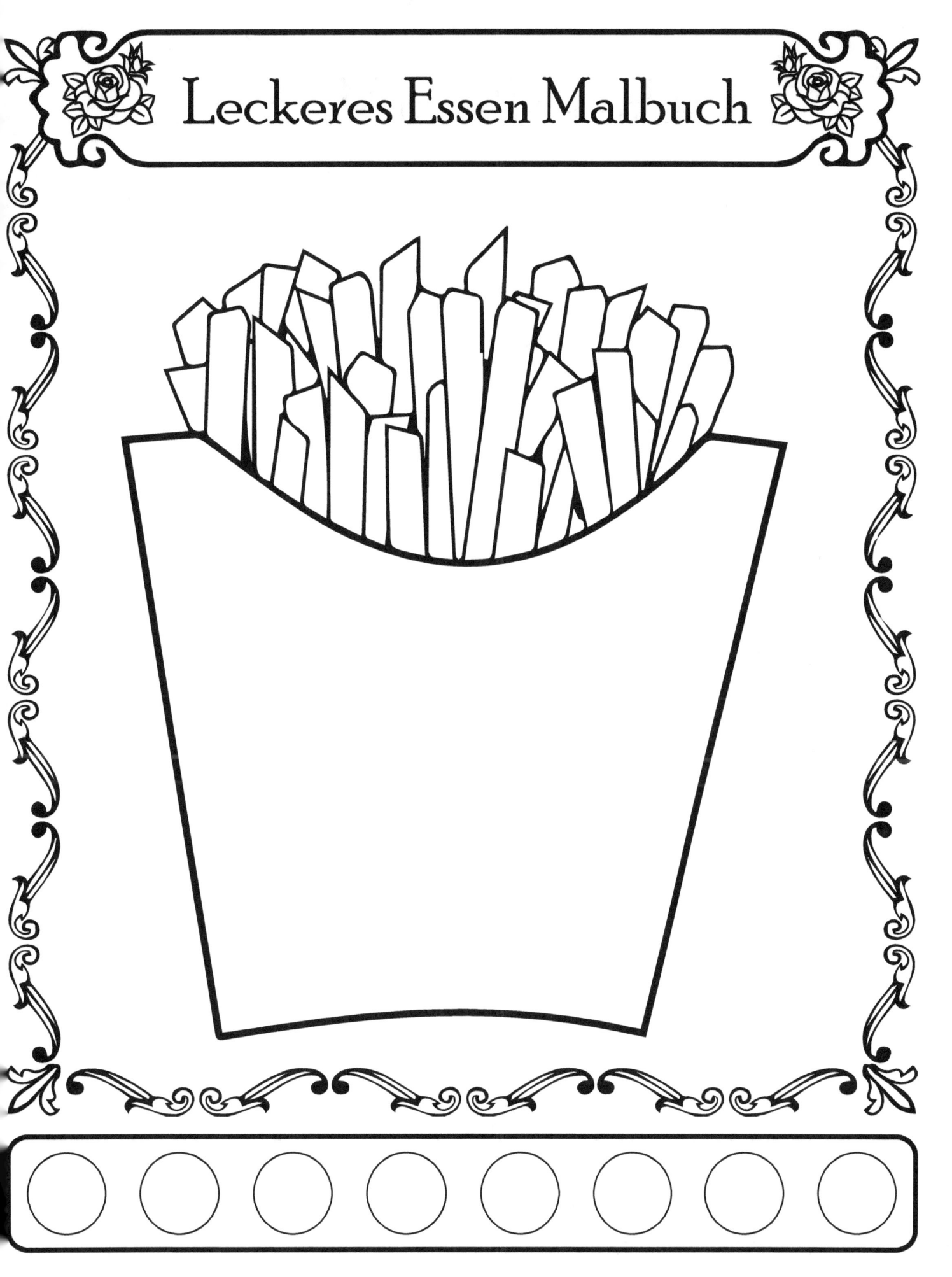

Leckeres Essen Malbuch

Leckeres Essen Malbuch

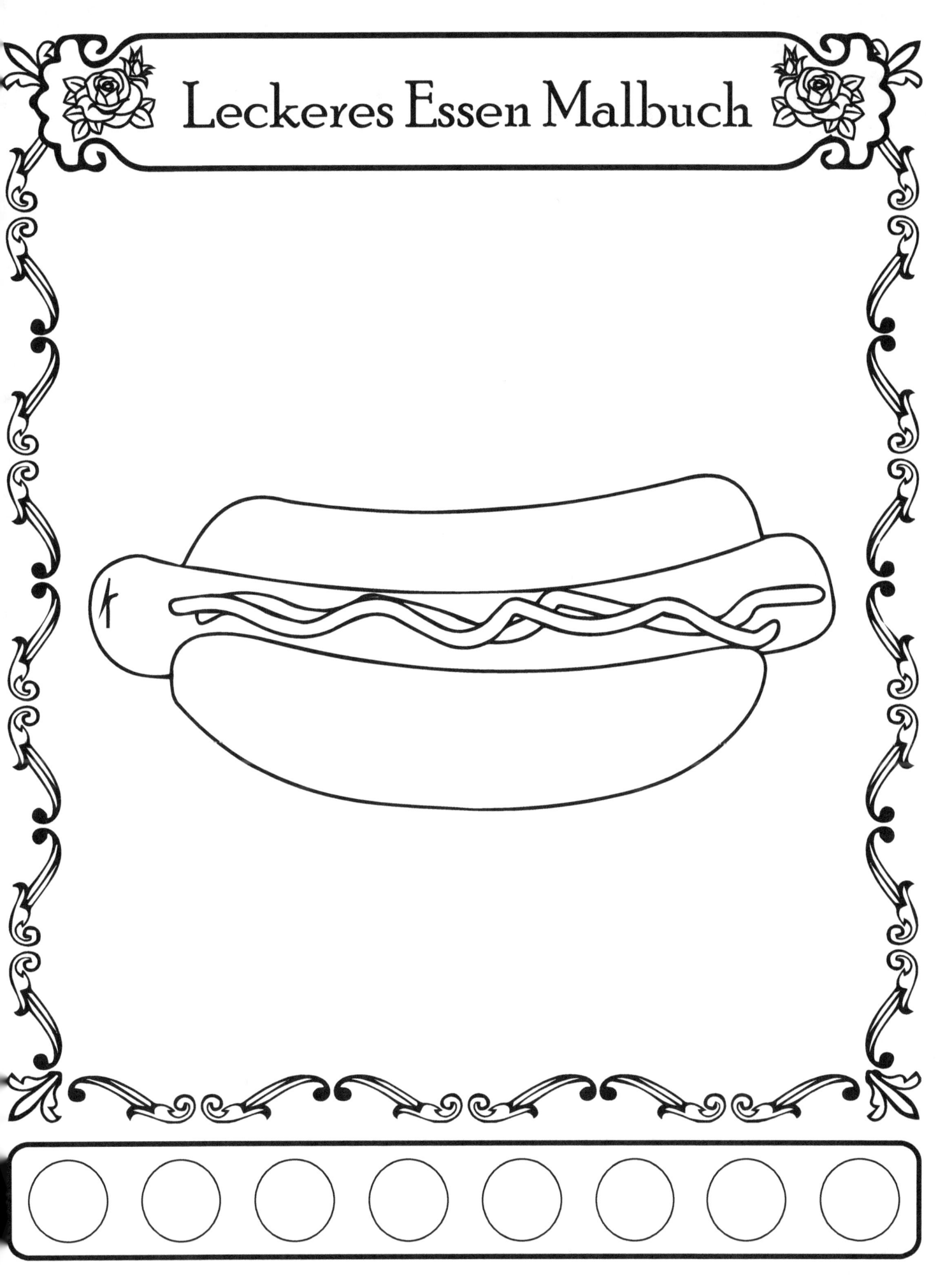

Leckeres Essen Malbuch

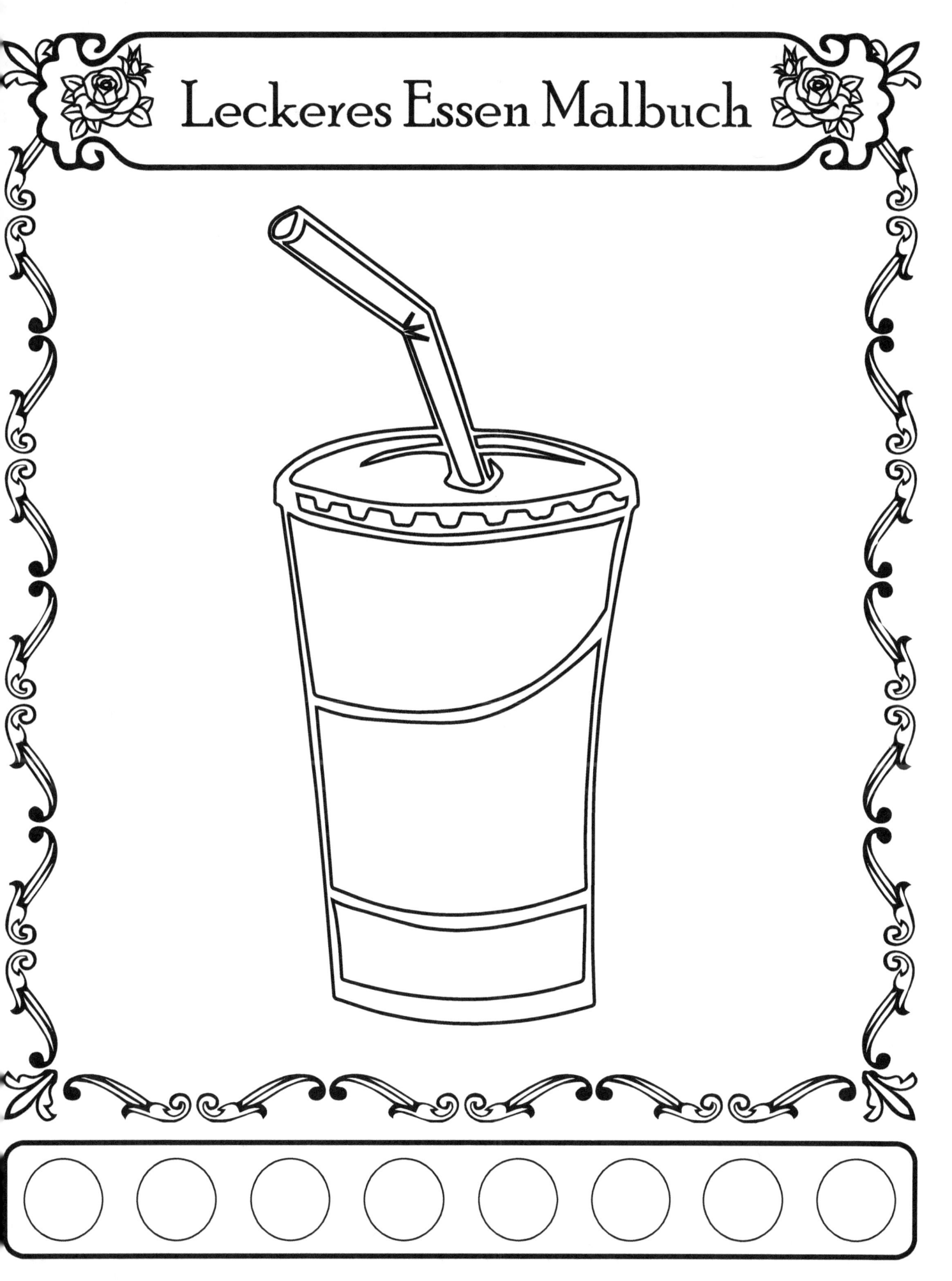

Leckeres Essen Malbuch

Leckeres Essen Malbuch

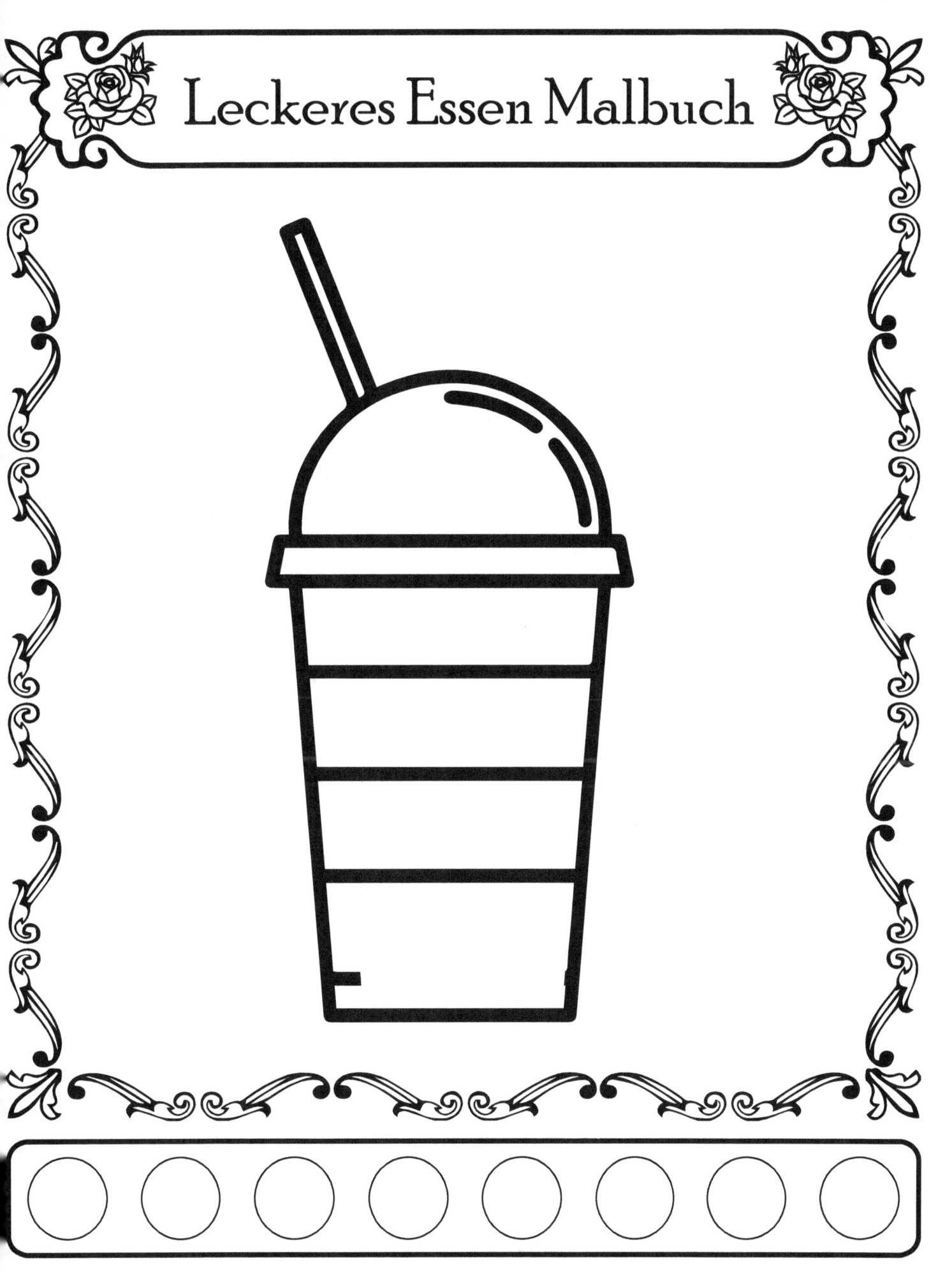

Leckeres Essen Malbuch

Leckeres Essen Malbuch

Leckeres Essen Malbuch

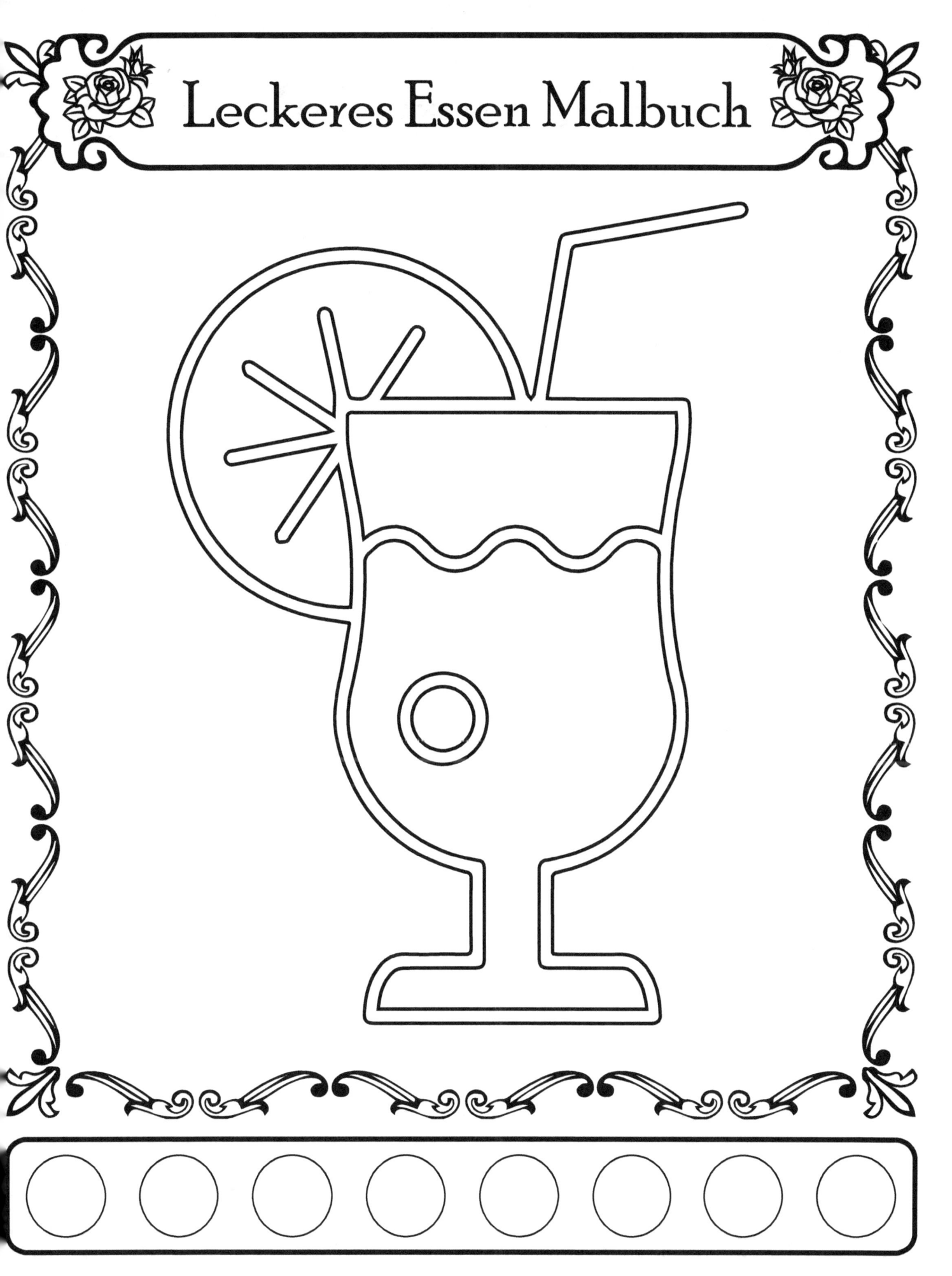

Leckeres Essen Malbuch

Leckeres Essen Malbuch

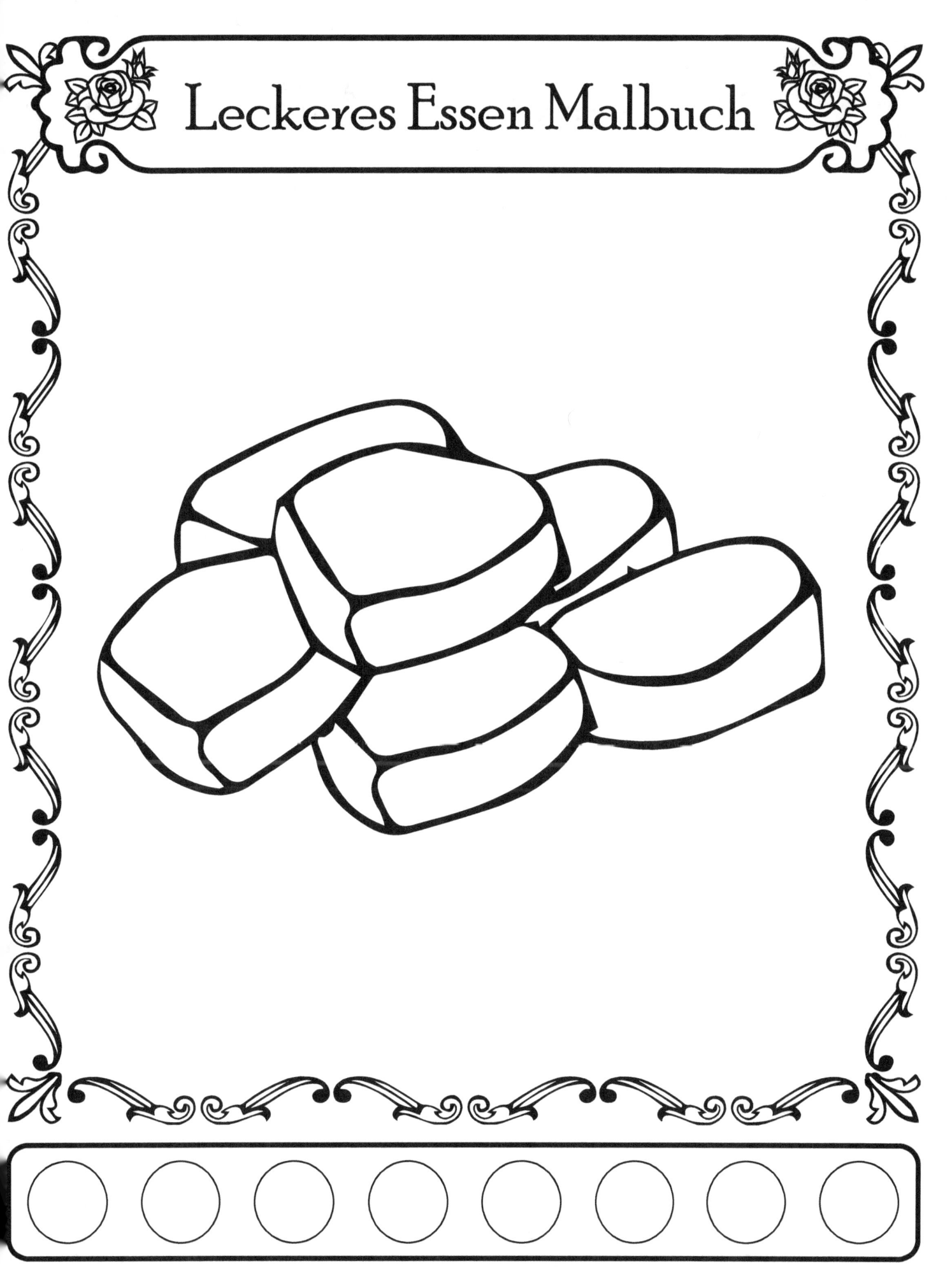

Leckeres Essen Malbuch

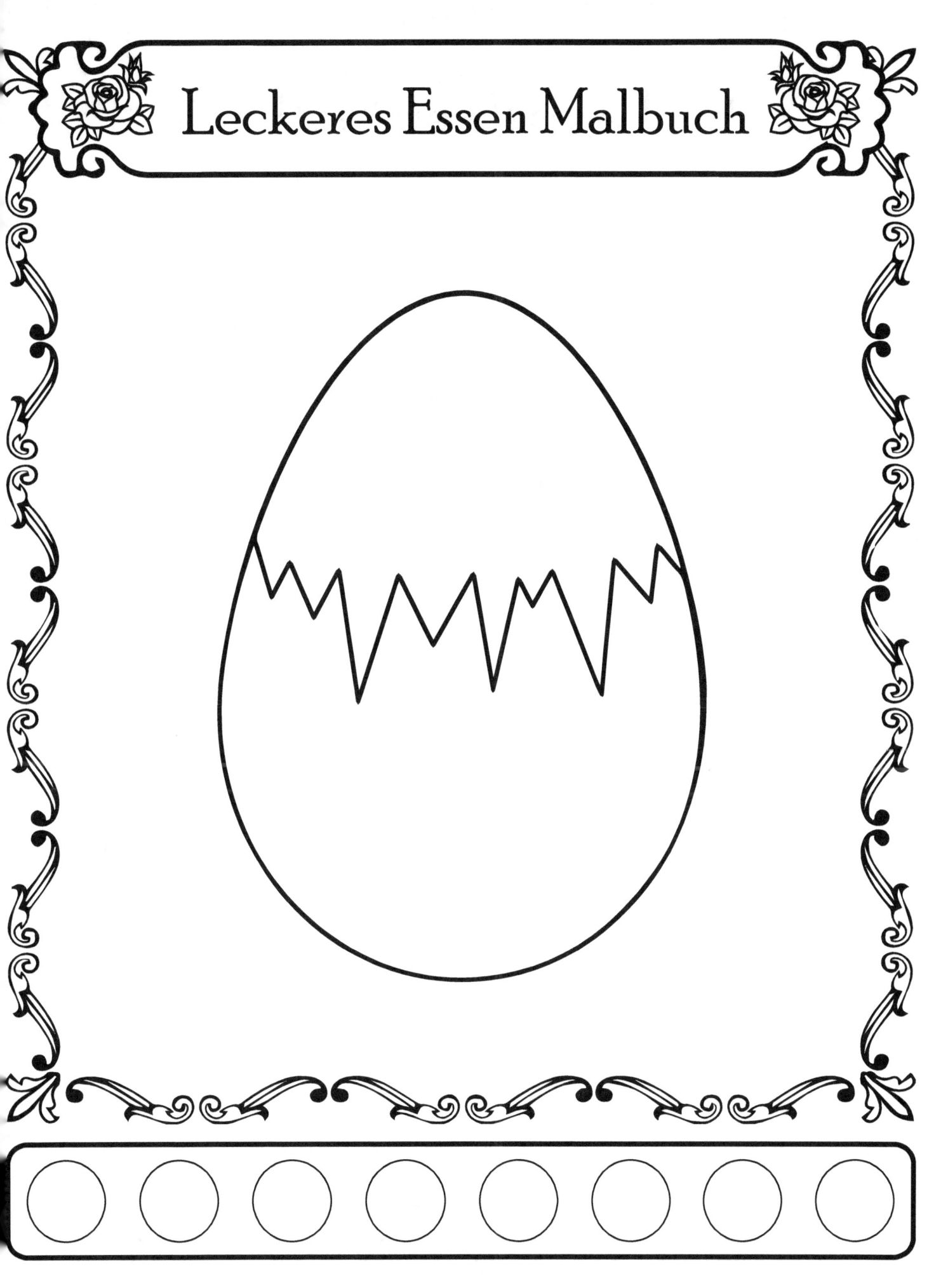

Leckeres Essen Malbuch

Leckeres Essen Malbuch

Leckeres Essen Malbuch

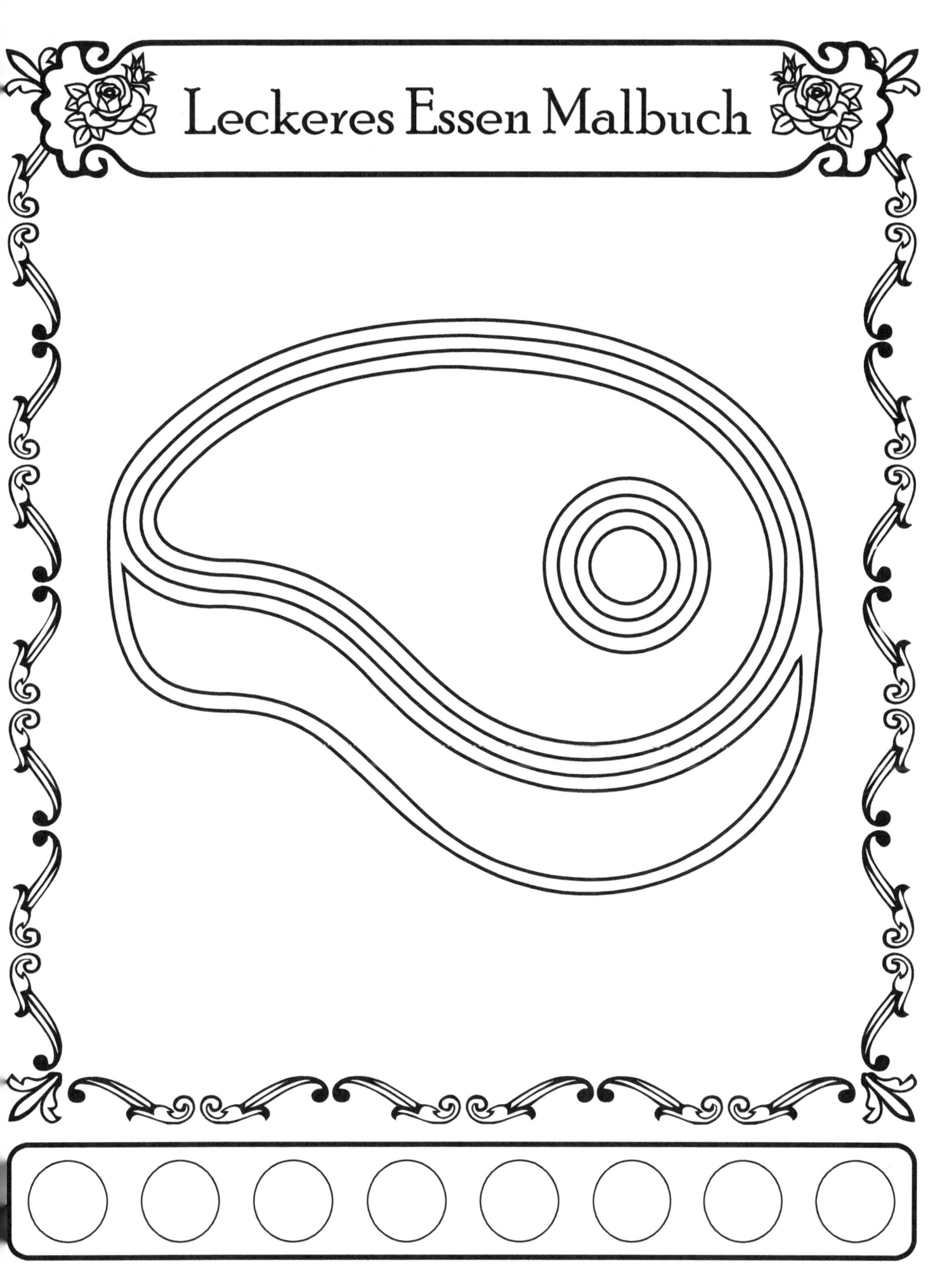

Leckeres Essen Malbuch

Leckeres Essen Malbuch

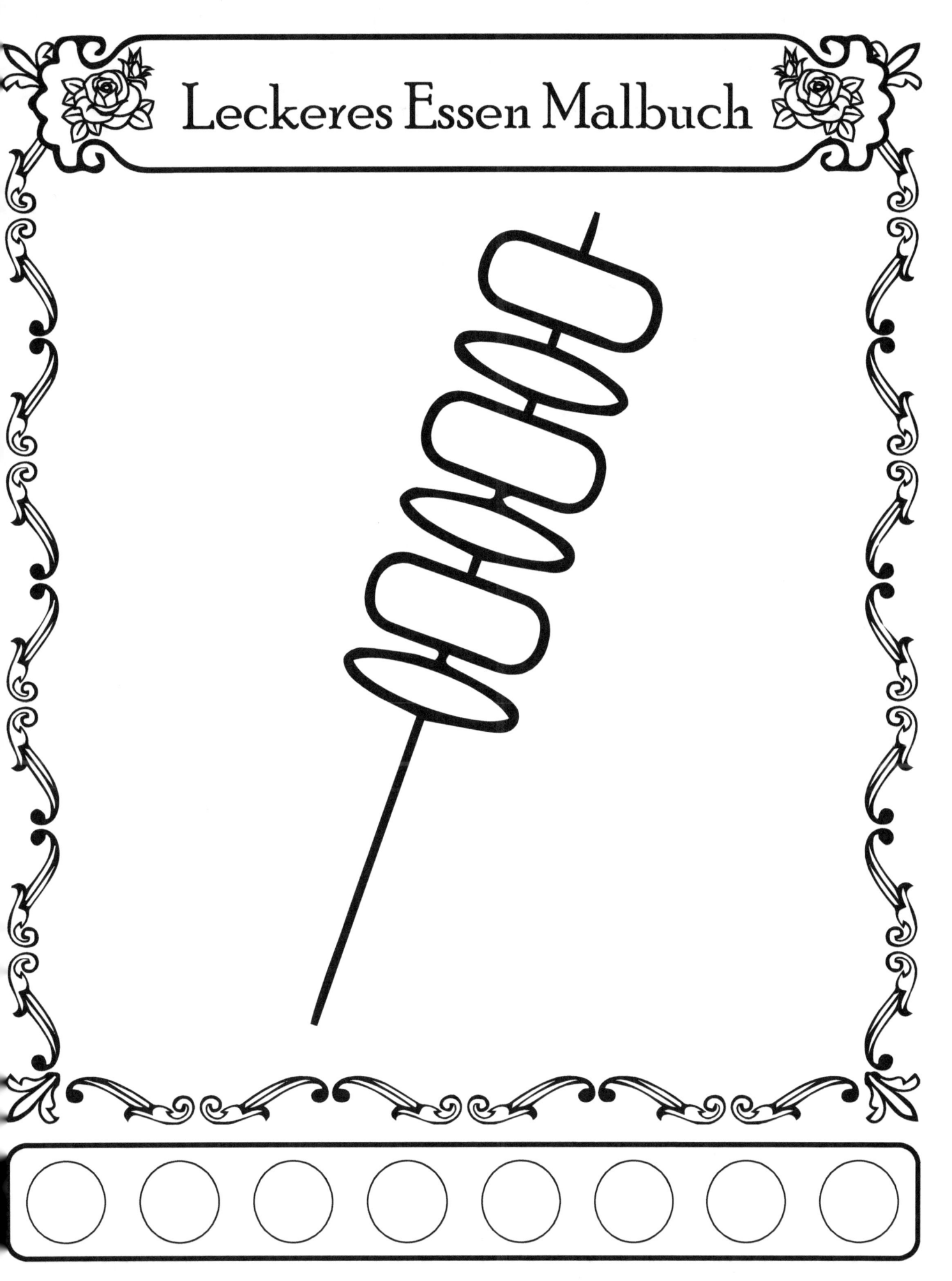

Leckeres Essen Malbuch

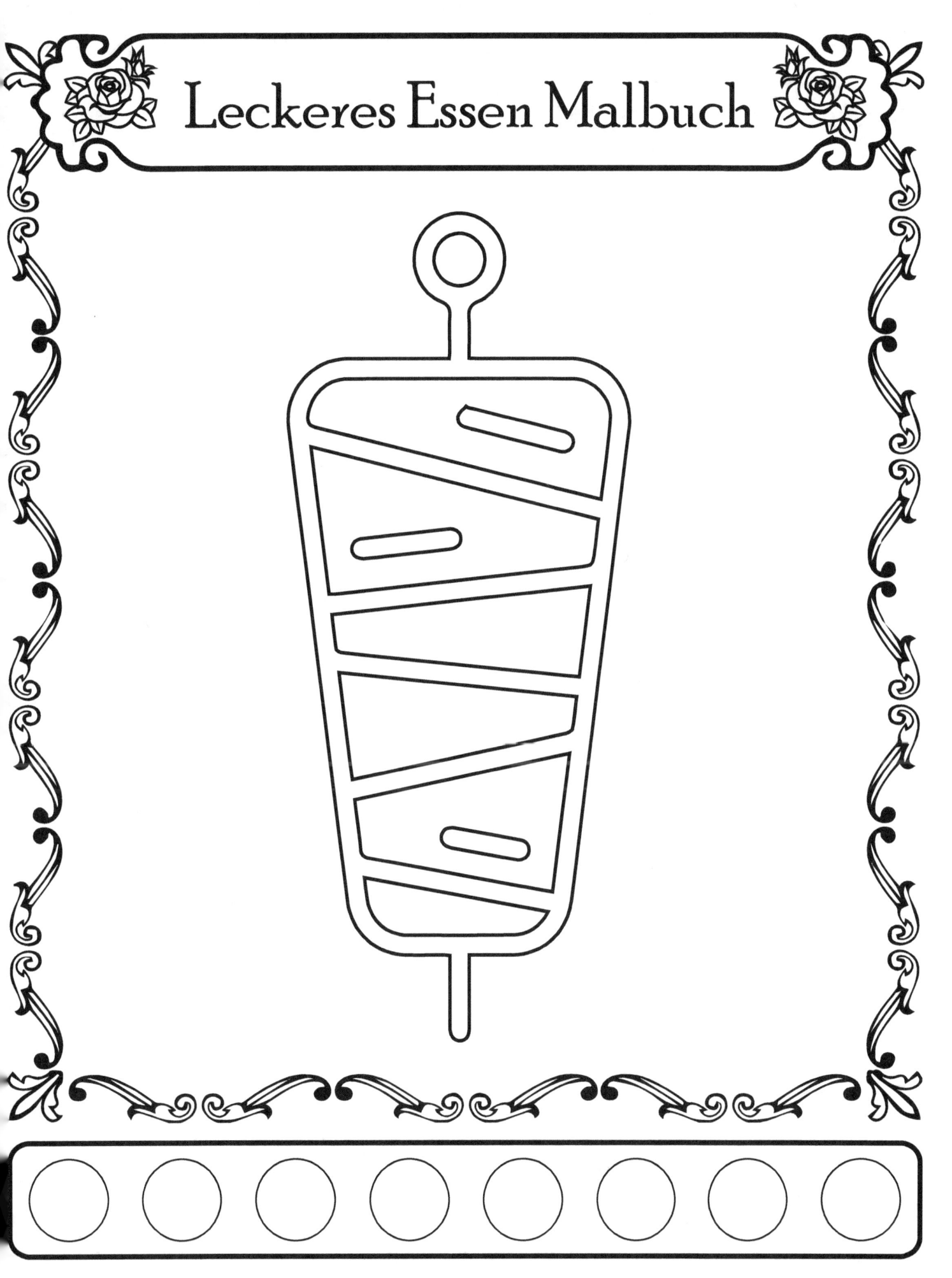

Leckeres Essen Malbuch

Leckeres Essen Malbuch

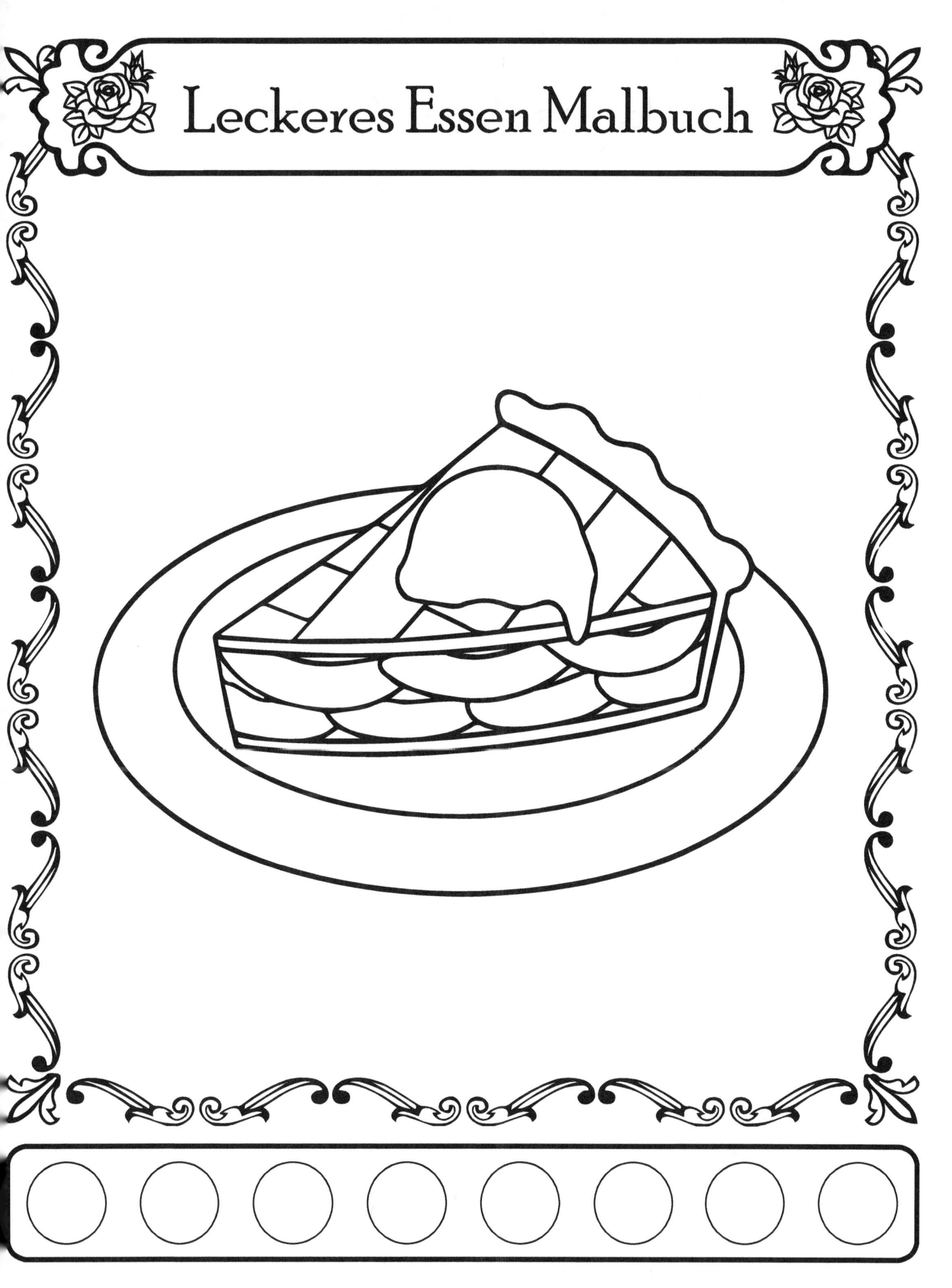

Leckeres Essen Malbuch

Leckeres Essen Malbuch

Leckeres Essen Malbuch

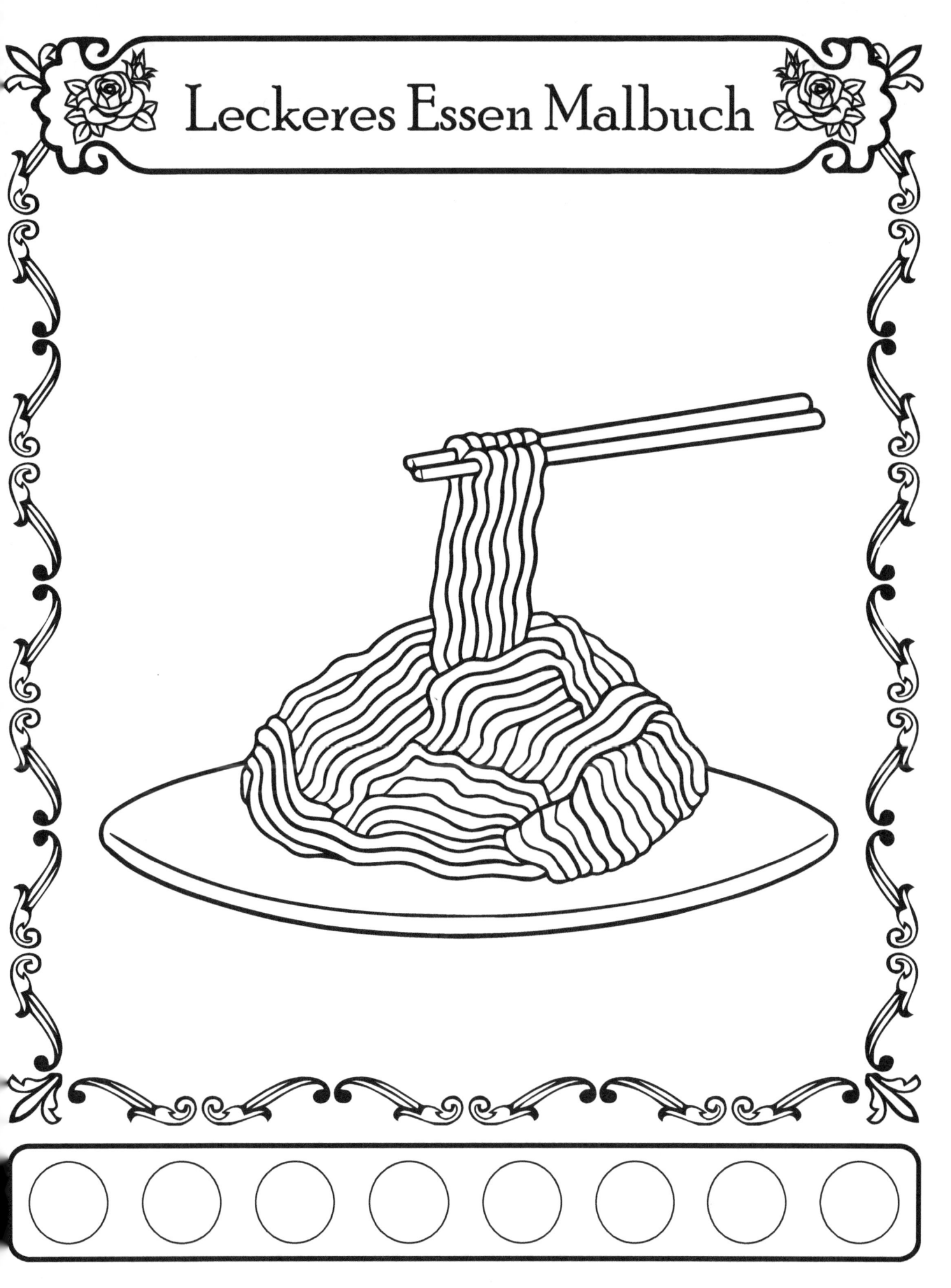

Leckeres Essen Malbuch

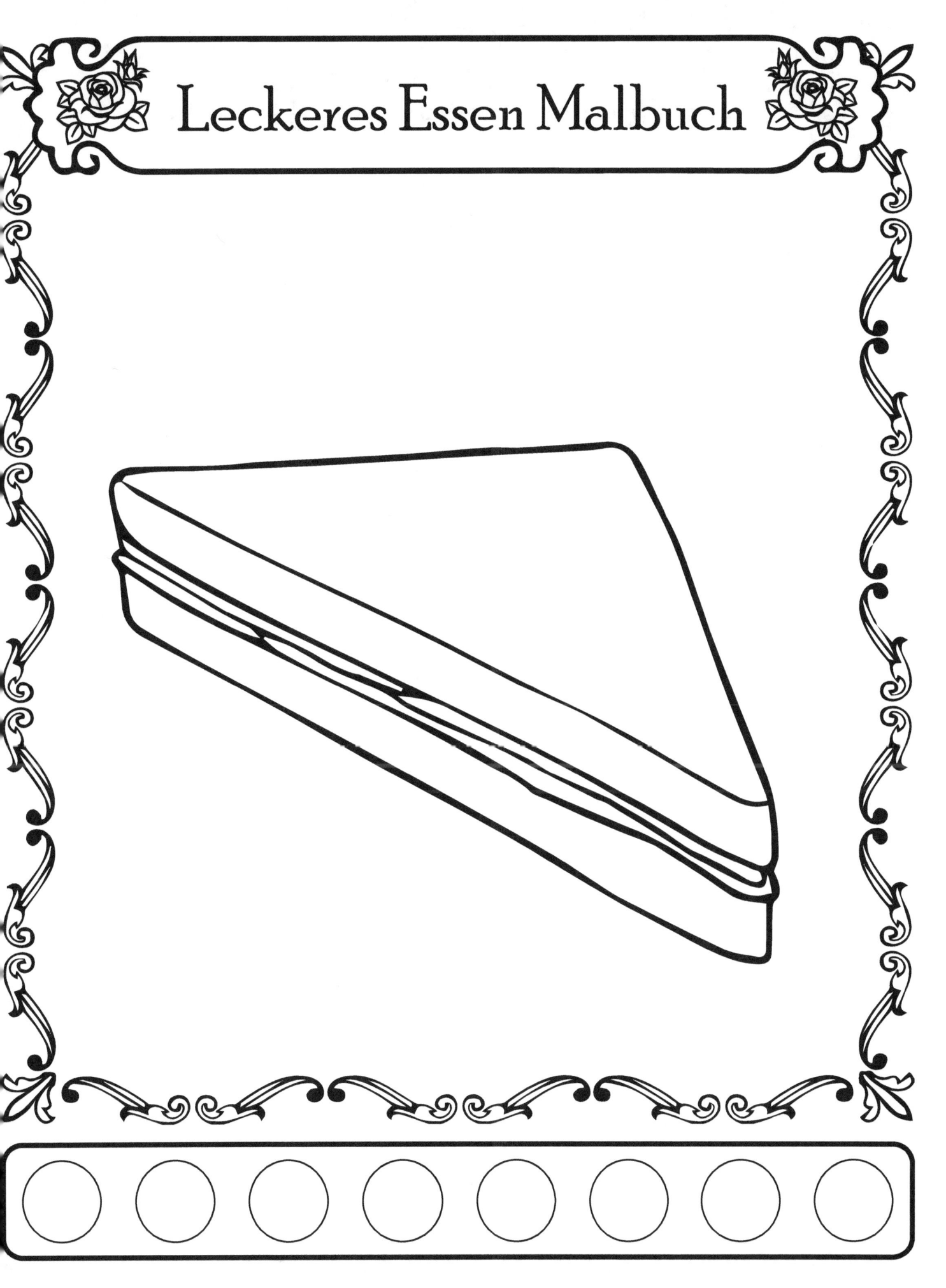

Leckeres Essen Malbuch

Leckeres Essen Malbuch

Leckeres Essen Malbuch

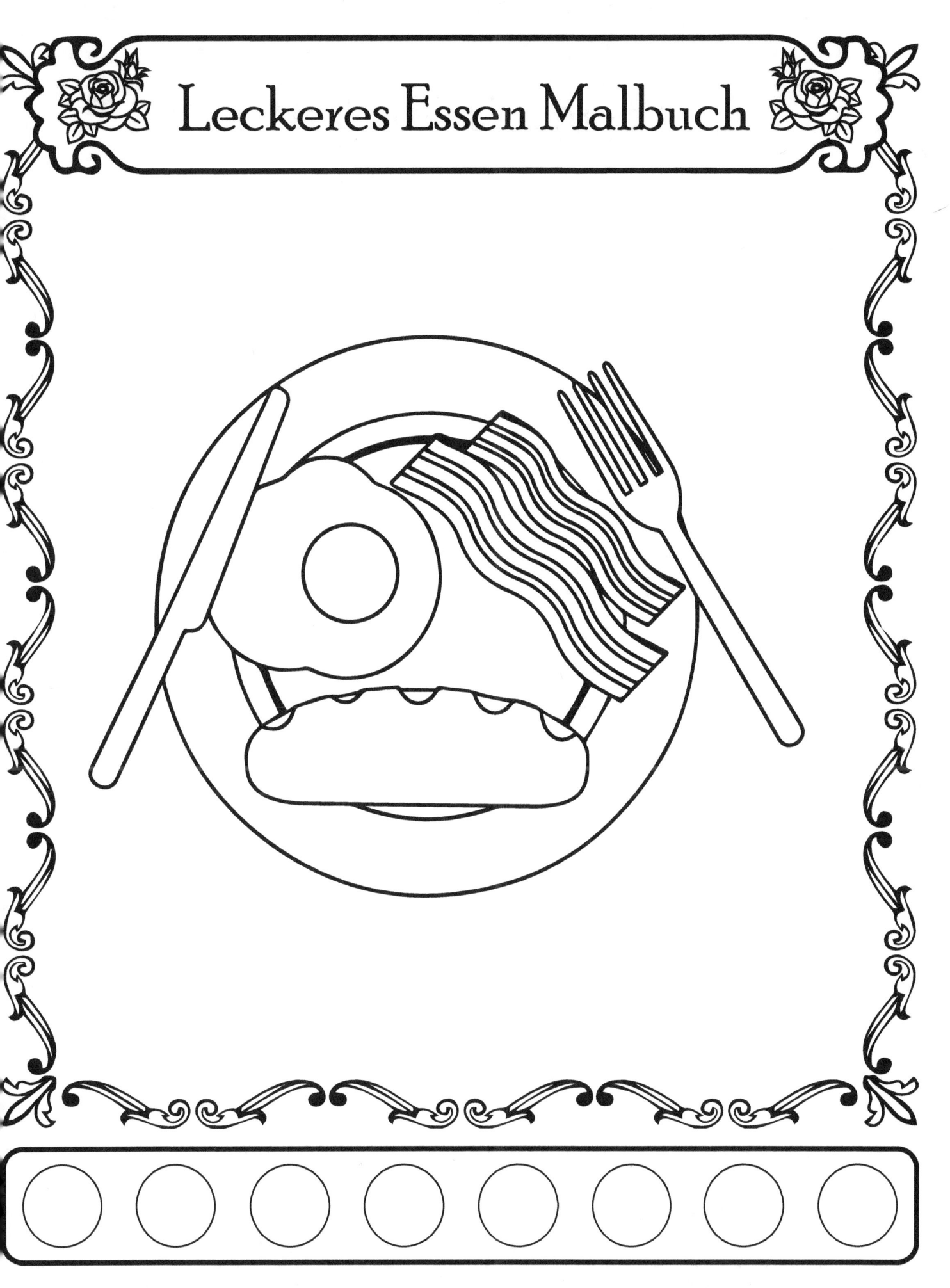

Leckeres Essen Malbuch

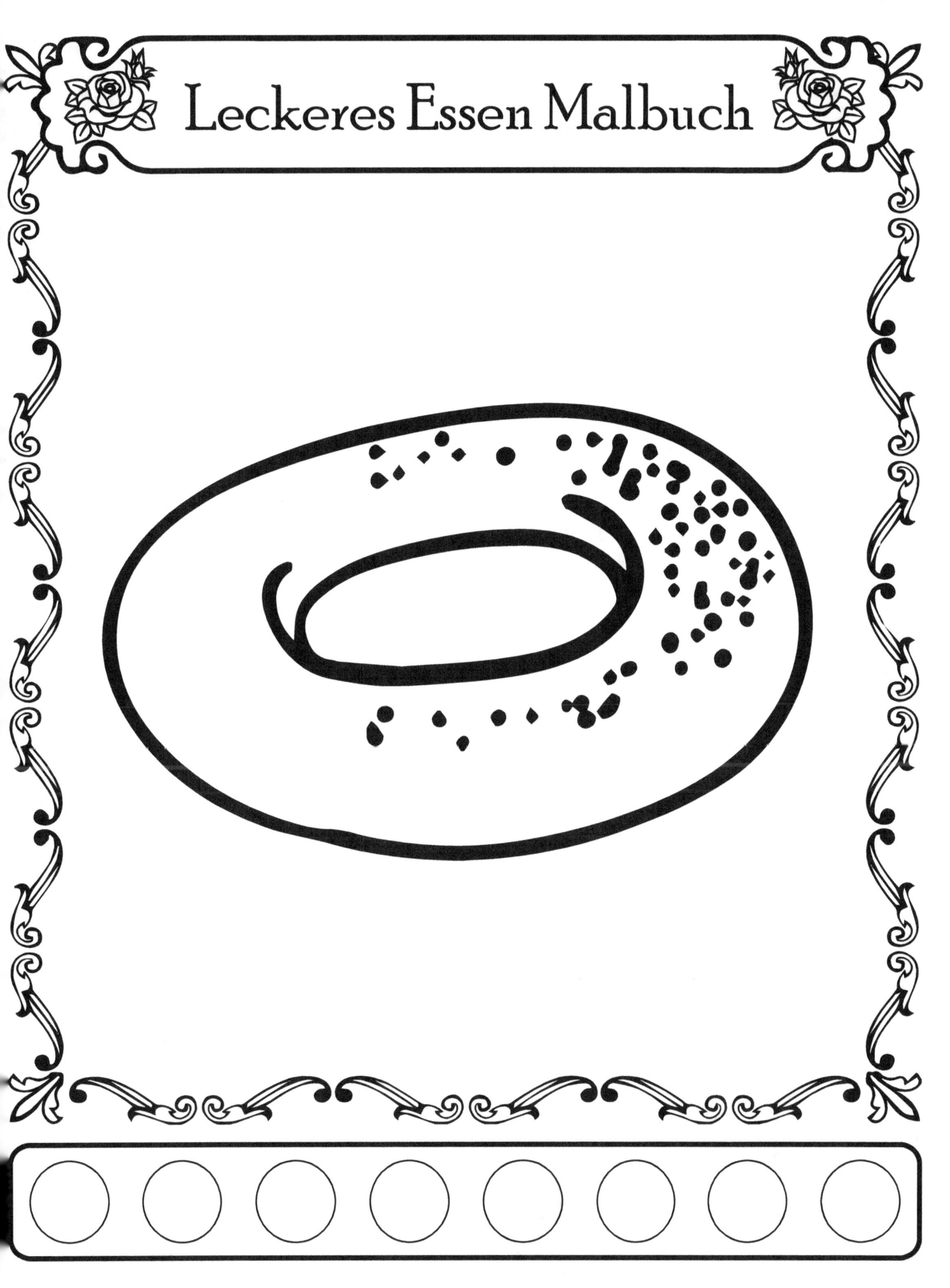

Leckeres Essen Malbuch

Leckeres Essen Malbuch

Leckeres Essen Malbuch

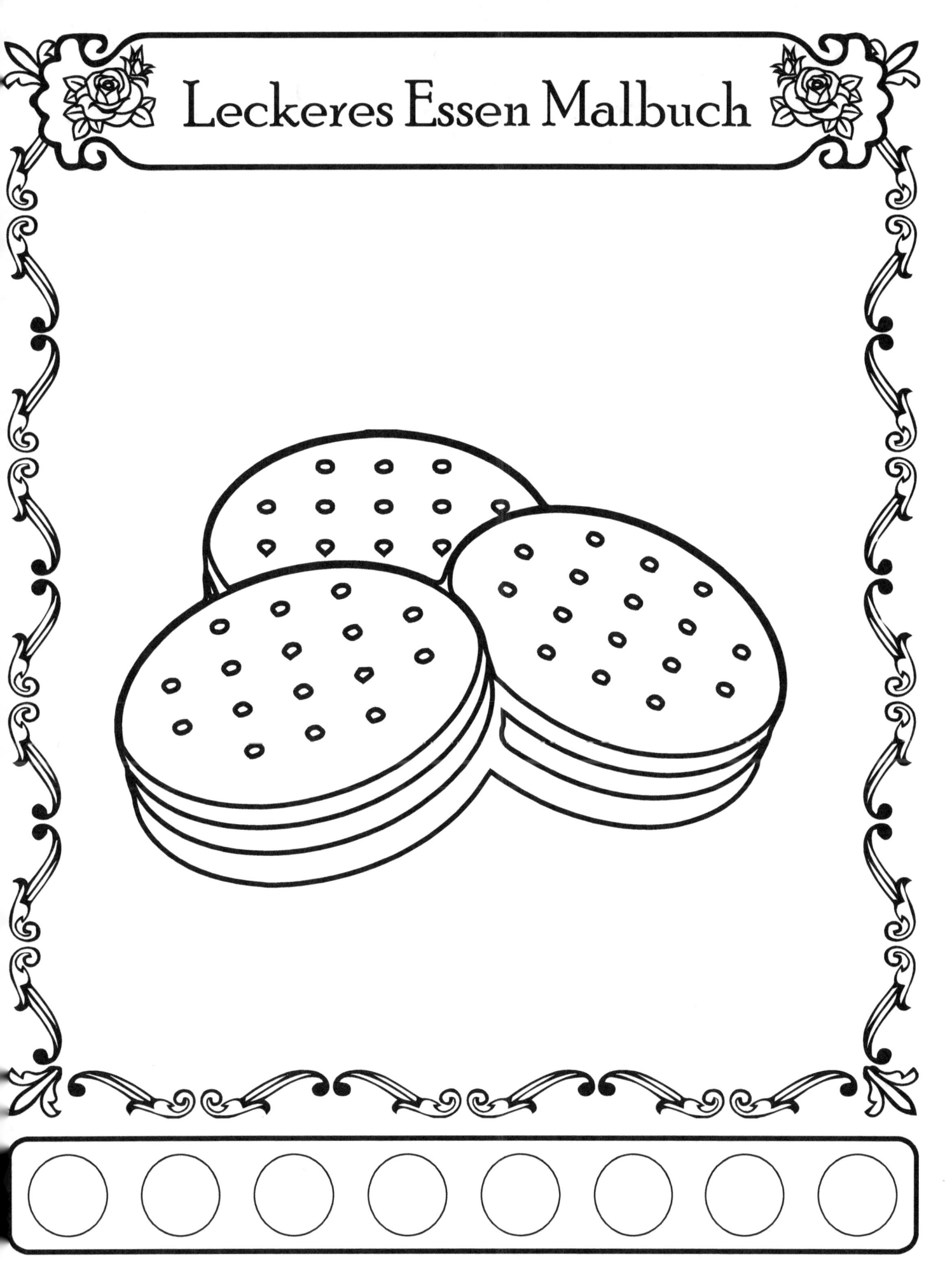

Leckeres Essen Malbuch

Leckeres Essen Malbuch

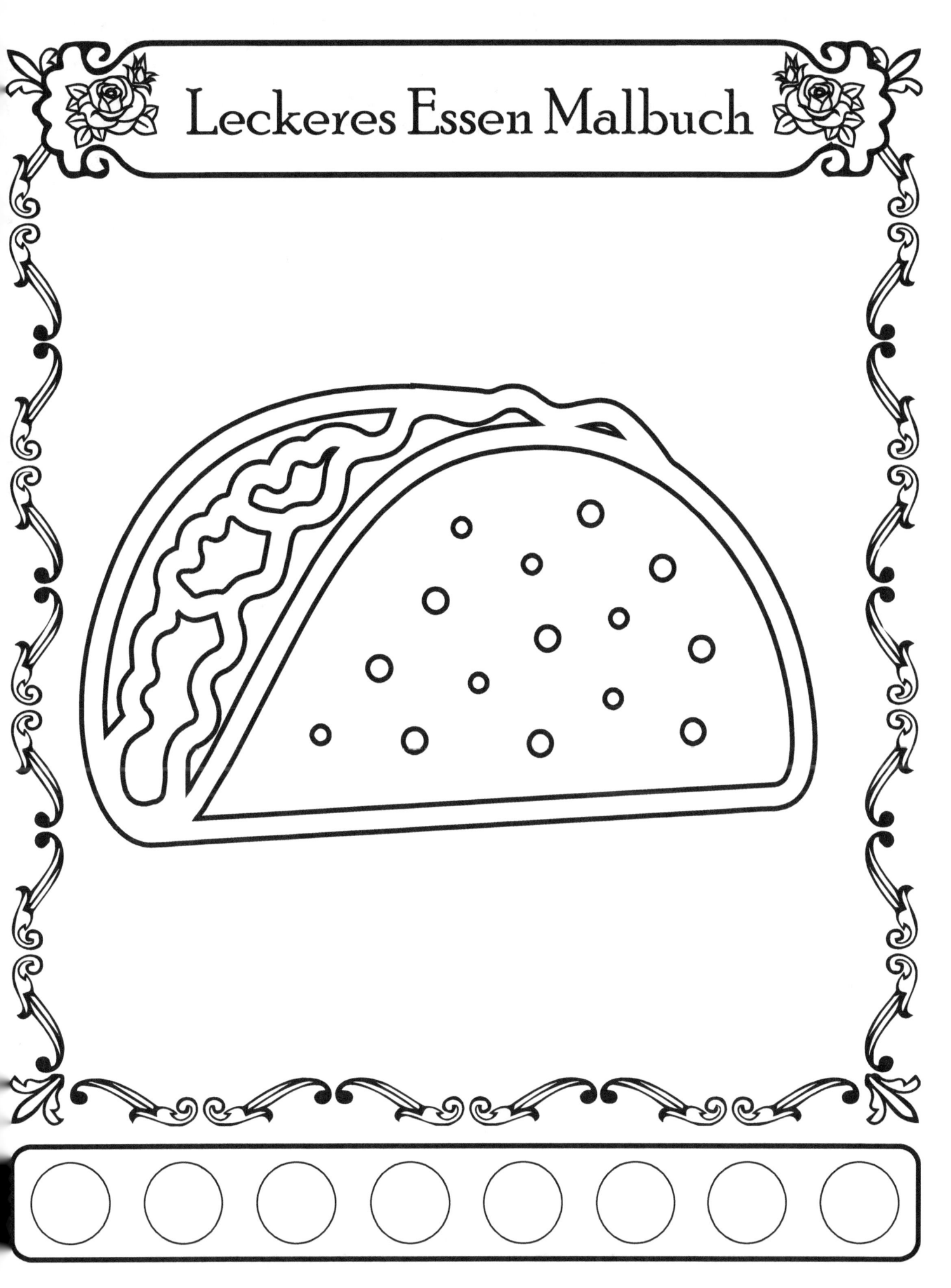

Leckeres Essen Malbuch

Leckeres Essen Malbuch

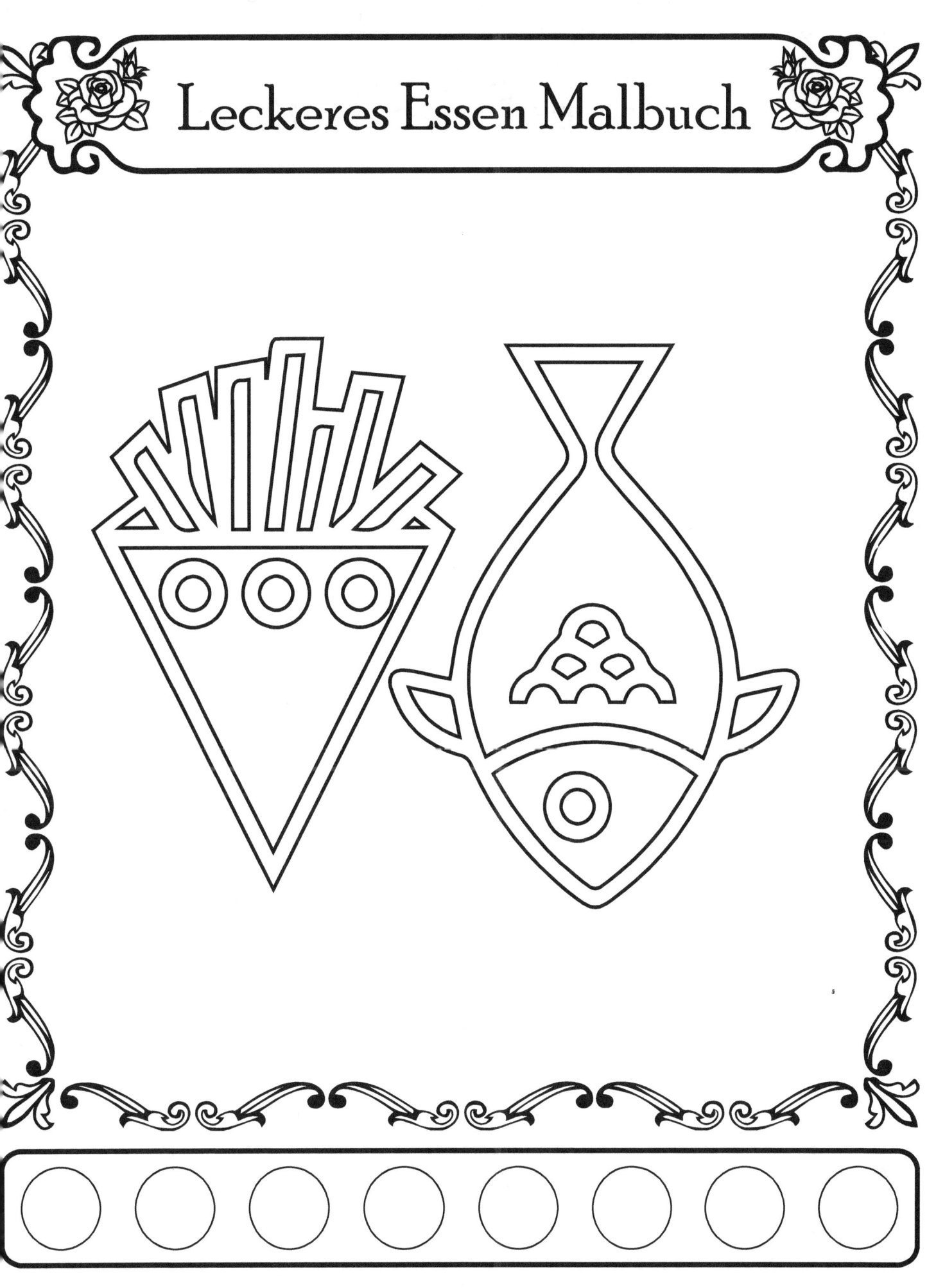

Leckeres Essen Malbuch

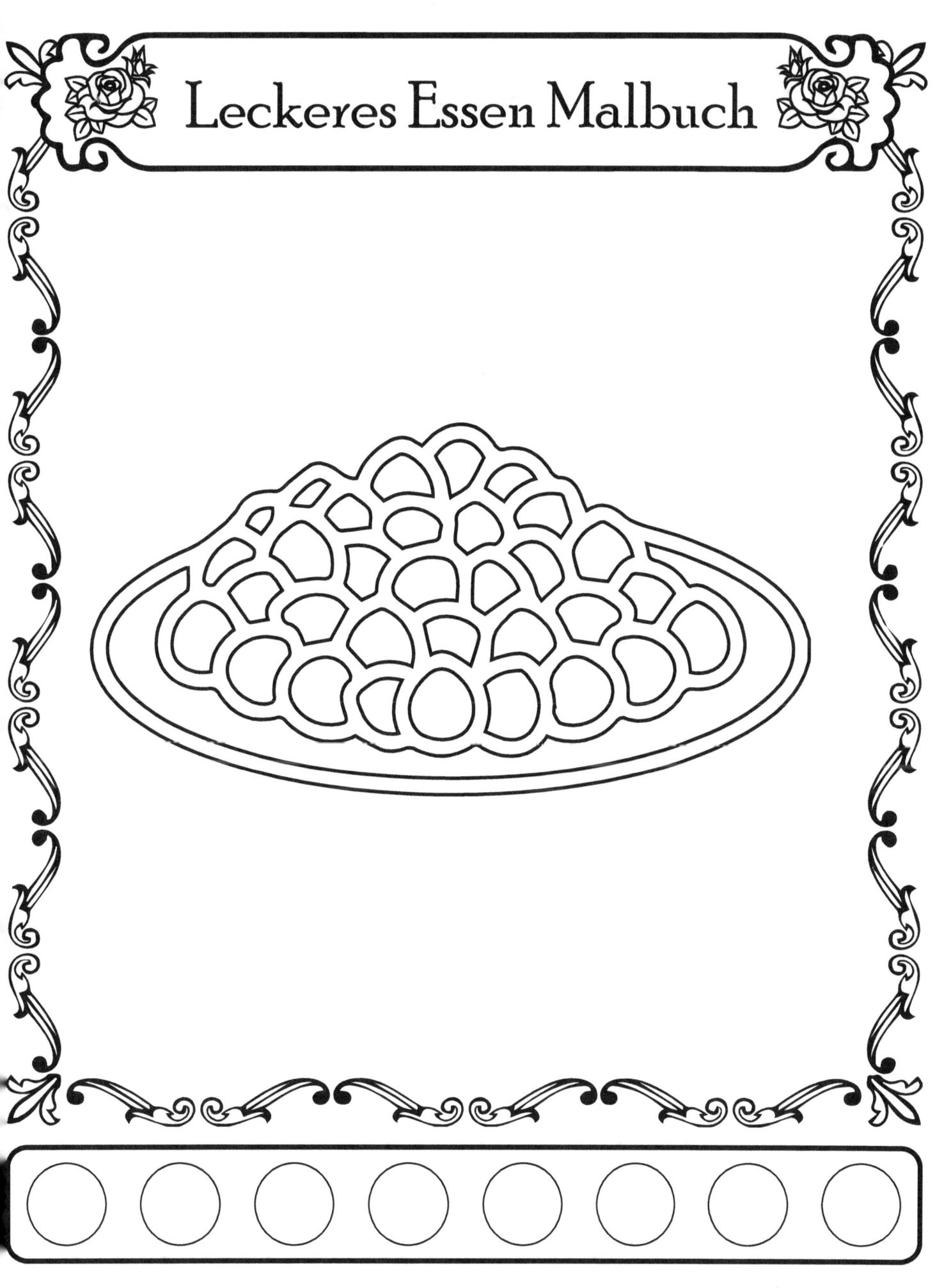

Leckeres Essen Malbuch

Leckeres Essen Malbuch

Leckeres Essen Malbuch

Leckeres Essen Malbuch